LIBERTAD FINANCIERA
A LA LUZ DE LA BIBLIA

CARLOS VELÁSQUEZ

Libertad financiera a la luz de la Biblia
por Carlos Eduardo Velásquez Pérez

Copyright © 2018

Derechos reservados

Todos los resaltados son responsabilidad del autor y deben ser entendidos dentro del contexto.

Ninguna parte de esta publicación puede ser reproducida sin el consentimiento por escrito de su autor.

ISBN: 978-1-942991-90-8

Publicado por
Editorial RENUEVO LLC.
www.EditorialRenuevo.com
info@EditorialRenuevo.com

Contenido

Introducción   5

Primera parte La Naturaleza de las Riquezas   13

Capítulo 1 Así como piensa el hombre...   15
Capítulo 2 Definición de libertad financiera   27
Capítulo 3 Dios es dueño de todo   31
Capítulo 4 La naturaleza o esencia de las riquezas   41
Capítulo 5 Invirtiendo en el reino   53
Capítulo 6 El concepto bíblico del trabajo   69
Capítulo 7 El plan original de Dios   89

Segunda parte Renovando el Entendimiento   107

Capítulo 8 La importancia de nuestras palabras   109
Capítulo 9 El poder de Dios, nuestra oportunidad   121
Capítulo 10 Importancia de los sueños   143
Capítulo 11 Dos elementos básicos para el logro de los sueños   167
Capítulo 12 La muerte de la visión   175
Capítulo 13 El sitio de Samaria, el sitio de la mente   189
Capítulo 14 De leprosos indeseables a libertadores   203

Epílogo   213
Acerca de Autor   217
Bibliografía   219

Introducción

Por lo general, las cosas que he escrito han sido fruto no solo del estudio, sino de mi experiencia personal. Una de las más grandes satisfacciones que he tenido con mi esposa Lili es el ver cómo los años han pasado y aquellas cosas que enseñábamos, practicábamos y en un momento fueron cuestionadas, criticadas o consideradas como solo un ideal o una buena aspiración no realista ante los tiempos y las circunstancias, ahora son hechos consumados y evidencia irrefutable de la veracidad de la Biblia.

A manera de ejemplo, hago alusión a los principios de la educación de los hijos y del concepto bíblico de noviazgo, compromiso y matrimonio. Cuando aprendimos lo que la Biblia enseña en cuanto a la forma de educar a los hijos, Lili y yo nos propusimos ponerlo en práctica en casa. Pasamos por el proceso de elaborar las reglas de la casa; luego le pedimos perdón a nuestros hijos por no haberles educado anteriormente de acuerdo a esas normas y les presentamos el entendimiento que habíamos adquirido de la Palabra de Dios. Les dimos la oportunidad de asimilar la nueva enseñanza y luego la pusimos en práctica.

Como es natural y la misma Biblia advierte, ninguna disciplina es causa de gozo en el momento en que está siendo aplicada, pero después produce un fruto de paz y gozo a aquellos que fueron así entrenados. *(Hebreos 12.11)* Hubo oportunidades en que se me criticó de ser muy severo con los hijos y que podía provocar que cerraran su corazón hacia mí.

Con el paso del tiempo y la evidencia de que nuestros hijos eran obedientes y sin ningún trauma emocional, empezó el concepto de que al llegar a la adolescencia sería cuando Lili y yo nos daríamos cuenta de que «esa edad es especial», que los hijos se ponen un poco rebeldes pero que es natural y normal porque están cruzando por varios cambios importantes en su vida. Como tampoco aceptamos tal concepto y declaramos «el escrito está» de la Biblia—que no excluye a los adolescentes del mandato de honrar y respetar a los padres—no les dimos esa «libertad» a nuestros hijos y no tuvimos los problemas que se suponía era natural que tuviéramos. Pasó la adolescencia de nuestros hijos y se mantuvieron obedientes, correctos y respetuosos.

Sin embargo, nos dijeron que faltaba la etapa en que los jóvenes pondrían a prueba nuestro entendimiento y enseñanza del noviazgo bíblico. Al igual que con las otras enseñanzas, ésta también se nos señaló que era muy idealista y que no se podría llevar a cabo como la presentábamos, que solo era cuestión de tiempo el que nuestros hijos crecieran y nos daríamos cuenta de que no podía ser así. Pues bien, nuestros hijos han crecido. Ondina tuvo un noviazgo tal como lo presento en mi libro <u>Edificando la familia</u>, en el cual nunca estuvo sola con su prometido, no se intercambiaron besos ni caricias sino hasta el día que la boda se consumó. Brandon, ahora de 29 años, está consciente de no faltar al respeto a ninguna señorita, ilusionándola para el matrimonio, mientras no termine su carrera y esté en condiciones de proveer para su familia.

Ahora la pregunta del millón: ¿Qué tiene que ver eso con libertad financiera? ¡Absolutamente todo!

Ese precisamente es uno de los más grandes problemas del ser humano y una de las más grandes causas del por qué muchos cristianos que profesan los textos bíblicos que hablan de Dios supliendo todas sus necesidades conforme a sus riquezas en gloria se encuentran limitados y con escasez financiera.

Separan las cosas, es decir, las miran aisladamente la una de las otras. Por ejemplo, dicen cosas como: «No mezclen mi membresía en la Iglesia con mi vida privada», o «Mi trabajo es una cosa y mi familia otra». Puede sonar aparentemente correcto, pero la realidad es que uno debe considerar todas las cosas que hace y en las que participa en una forma integral,

Introducción

pues lo que se es y se hace en un aspecto afecta lo que se es y hace en todos los demás. Gandhi lo expresó de esta manera: «No es posible que una persona haga lo correcto en un área de la vida mientras intenta hacer algo erróneo en otra. La vida es un todo indivisible». Esa es básicamente la misma enseñanza que Santiago nos transmite cuando dice: «*Porque cualquiera que guardare toda la ley, pero ofendiere en un punto, se hace culpable de todos*». (Santiago 2.10 RVR1960)

En consecuencia, no se puede esperar tener éxito en las finanzas y ser desleal en el matrimonio. No se puede esperar tener una familia unida y próspera mientras te involucras en negocios ilícitos. De igual manera, no se puede prosperar espiritualmente mientras se ignore la responsabilidad cívica, social o familiar.

Por lo tanto, en el aspecto de las finanzas, nos encontramos que éstas influyen en nuestra vida, más de lo que imaginamos. Suze Orman, una experta en las áreas de finanzas, planificación e inversiones y presidenta de su propia empresa, en uno de sus libros bestseller, <u>The 9 Steps to Financial Freedom</u> (Los nueve pasos a la libertad financiera), escribe:

«Por años, como planificadora financiera, he aprendido que la verdadera libertad financiera no depende de cuánto dinero tiene usted. Libertad financiera es cuando usted tiene poder sobre sus temores y ansiedades en lugar de que sea de la otra manera».

Luego, de los nueve pasos que da para alcanzar la libertad financiera, el número 1 es «viendo cómo su pasado sostiene la llave para su futuro financiero». En ese capítulo dice cosas como: «El camino a la libertad financiera no comienza en un banco ni siquiera en la oficina de una planificadora financiera como la mía, sino que en su cabeza. Comienza con sus pensamientos».

Sin embargo, lo que más me interesa compartirte es lo que añade: «Voy a ir tan lejos como decir que, en mi experiencia, la mayoría de los problemas más grandes en la vida de mis clientes, hoy en día, aun aquellos que superficialmente parecen

7

no tener relación con el dinero, están directamente conectados con sus primeras experiencias formativas con el dinero.... Los mensajes acerca del dinero son pasados generacionalmente, usados y astillados como los platos familiares. Sus propias memorias sobre el dinero le dirán bastante. Si usted toma ese paso retrospectivo, podrá ver lo que esas memorias le enseñaron acerca de quién era usted, y si esas memorias todavía le están diciendo quien es usted hoy». (Orman 2000)

Razona lo que ella dice a la luz de la enseñanza bíblica. En primer lugar, donde esté tu tesoro, allí está tu corazón. En segundo lugar, es según se piensa en el corazón que se actúa o se es. En tercer lugar, puesto que el amor al dinero es una raíz, la raíz de todos los males, es obvio que tiene su origen desde nuestra infancia, pues la raíz no brota cuando el árbol está grande, sino cuando apenas está empezando a salir a la superficie.

Ahora bien, los principios de Dios operan de adentro hacia afuera, de lo pequeño a lo grande, de la unidad a la pluralidad; por lo tanto, el sentido de valores y el caminar centrado en principios en un área de nuestra vida influirá las decisiones que tomemos en las demás. Puede que transcurra algún tiempo antes de que nos percatemos de ello, como en nuestro caso con la educación de los hijos, pero eventualmente se dará. De allí que quien piense que la educación de los hijos, la actitud ante el noviazgo, compromiso y matrimonio es algo totalmente aislado de la libertad financiera, está equivocado. Lo que nuestra forma de educar a los hijos evidencia es cuán claro está nuestro concepto de mayordomía, de que tendremos que rendir cuentas a Dios y de que Dios nunca nos comisiona u ordena que hagamos algo sin darnos los recursos para lograrlo.

Además, el mencionar ese proceso de desarrollo en la educación de los hijos, me da la oportunidad de compartir la manera en la que sucedió lo mismo con nuestras finanzas. Después de haberlos estado educando en una forma buena, sin mal testimonio y con resultados positivos, nos dimos cuenta de

Introducción

lo que era el diseño bíblico y estuvimos dispuestos a cambiar a pesar de las críticas y falta de comprensión de otros. De la misma forma, después de años de caminar con un buen testimonio y una actitud correcta en cuanto a la condición económica y las posesiones materiales, nos hemos percatado del diseño de Dios para las riquezas y los recursos económicos, y nos proponemos caminar en esa luz como lo hicimos en la otra.

Quiero enfatizar que no estoy hablando de un cambio de mal para bien, sino de un cambio de bien para mejor. No es dejar de hacer algo malo y empezar a hacer algo bueno. Me parece que uno de los problemas por lo que muchas personas no experimentan una vida abundante y próspera, como Dios desea y menciona en su palabra, es precisamente que ya tienen una vida relativamente buena en comparación con la sociedad y el medio ambiente en que se desarrollan. Sin embargo, **la pregunta no es si estoy satisfecho con mi condición, sino si estoy cumpliendo con mi misión, pues de eso será de lo que tendré que rendir cuentas.** Como explicaré más adelante, las parábolas de los talentos y de las minas nos enseñan que no se trata de «guardar» lo que tenemos hasta la venida del Señor, sino de hacerlo producir, de multiplicarlo y entregar fruto o ganancia de aquello que se nos comisionó. Ese entendimiento de que tendremos que rendir cuenta de lo que se nos entregó, será lo que hará la diferencia en el estudio, comprensión y aplicación de este tema.

Será de suma importancia recordar a lo largo de la lectura de este libro, el hecho de que la información que recibimos es la que decide nuestro sentido de valores y dicta nuestro comportamiento. De allí que realmente no importa cuán sinceros seamos. Si la información recibida es equivocada, todos nuestros esfuerzos por salir adelante y sacar adelante a nuestros seres queridos se verán frustrados. La siguiente información ayuda a entender lo que he escrito:

Hasta el siglo IV A.C., más o menos, se creía que las luces

misteriosas en el espacio eran dioses deambulando por los cielos. De hecho, la palabra planeta viene de la palabra griega que significa «deambulador».

Aristóteles fue uno de los primeros en refutar tal idea. Él creía que había un orden para las cosas, el cual la gente podría entender y usar para controlar sus vidas. Para el año 340 A.C., desarrolló su teoría de que los planetas y todo otro objeto en los cielos, eran esferas que giraban en rutas específicas alrededor de una tierra estacionaria.

Esa perspectiva fue refinada por Tolomeo unos 450 años después y convertida en un calendario matemático. Fue esta perspectiva, aunque equivocada en su suposición fundamental de que era la tierra en lugar del sol el centro del sistema, la que se convirtió en la piedra angular de las civilizaciones por los siguientes ochocientos años.

Fue hasta el principio del siglo XVI que Copérnico determinó que el sol era el centro del sistema solar y que todos los cuerpos celestes, incluyendo la tierra, giraban a su alrededor.

Viendo retrospectivamente, podemos entender por qué todos los astrónomos, antes de Copérnico, estaban confundidos. Por siglos trabajaron en vano tratando de perfeccionar un calendario y predecir las estaciones para poder aumentar la agricultura y la economía; pero la misma definición de su ciencia—*el estudio de cómo las esferas en los cielos giraban alrededor de una tierra estacionaria*—les excluía de descubrir la verdadera naturaleza del universo.

Lo mismo acontece en nuestros días con la ciencia de la economía. De la misma forma que Tolomeo trató de edificar sobre la definición o premisa de Aristóteles, los economistas tratan de edificar sobre la definición de economía que se ha aceptado: *El estudio de cómo la gente elige usar los escasos recursos*. Aunque la mayoría de los economistas también han aceptado la premisa de que *la riqueza de una sociedad se determina por el abastecimiento de sus recursos físicos (tierra, petróleo, minerales, gas, etc.)*, el problema sigue siendo que la premisa que encierra aun a ésta, es la de que *el mundo contiene una cantidad limitada de esos recursos físicos.*

Así como todos los esfuerzos de los astrónomos fallaban por iniciarse en un fundamento falso, los esfuerzos de los economistas también fracasan por la misma razón y a esto último tenemos que añadir un mal mayor: La mentalidad religiosa que, también fundamentada en esa errónea suposición, concluye que Dios no quiere que seamos ricos.

Libertad financiera a la luz de la Biblia

PRIMERA PARTE:

La Naturaleza de las Riquezas

Libertad financiera a la luz de la Biblia

Capítulo 1
Así como piensa el hombre...

La Biblia enseña que la razón principal por la cual el ser humano está cautivo de las circunstancias y es destruido a tal grado que ya no vive, sino solo existe, es la ignorancia o falta de conocimiento. *(Oseas 4.6; Isaías 5.13)* ¿Conocimiento de qué? De su naturaleza eterna y su función temporal con una misión o tarea que evidencie su desarrollo de mayordomo fiel para eventualmente ser dueño y coheredero de aquello que ahora solo administra. Para dejar sobre bases sólidas nuestra enseñanza, trasladaremos el significado de ciertos términos, a efecto de tener acuerdo en lo que expresamos. Tomaremos la Biblia, la Palabra de Dios, como la base de qué es libertad y consecuentemente, cuál es la verdad sobre las riquezas.

Conocimiento: «Una percepción clara y cierta de aquello que existe, o de la verdad y hechos. La percepción de la conexión y acuerdo o desacuerdo y repugnancia de nuestras ideas. No podemos tener conocimiento de aquello que no existe. Dios tiene un conocimiento perfecto de todas sus obras. El conocimiento humano es muy limitado y en su mayoría se adquiere por medio de la observación y la experiencia». (Webster 1828)

Debido a esa falta o limitación de conocimiento es que ocurren los llamados mal entendidos, pues lo que una cosa significa para alguien, puede significar algo totalmente diferente para otro. Ese es el caso con el tema de la libertad financiera. Hay gran discrepancia entre qué significa libertad y si el dinero es bueno o malo.

Según la definición del señor Webster, el conocimiento humano es muy limitado, mientras que Dios tiene un conocimiento perfecto de todas sus obras. Considerando que un área de nuestra vida afecta todas las otras, cito a manera de ejemplo lo expresado por Zig Ziglar, en su libro *Nos veremos en la cumbre*, en el cual enfatiza que la Información recibida decide el destino de la persona. Ziglar dice: «El hombre nació para ganar, pero durante toda su vida se le acondiciona para perder». (Ziglar 1982, pág. 51)

Considera esa declaración y haz una evaluación en tu propia mente: ¿Qué clase de información recibiste durante tu infancia en casa, en la escuela y en las relaciones sociales? ¿Eran apuntando positivamente a todas las oportunidades que tienes para triunfar? ¿Señalaban tus características inherentes para el éxito? ¿Te infundían confianza y seguridad en tu naturaleza de ganador? Es probable que esporádicamente alguien te haya dicho palabras positivas y te haya presentado alguna esperanza de triunfo, pero si somos honestos con nosotros mismos, tenemos que reconocer que la gran mayoría de información y de acondicionamiento mental que recibimos ha sido negativa.

En una plática que mi esposa estaba sosteniendo, la escuché decir:

Recientemente aprendí que hemos recibido mensajes durante los primeros 18 años de nuestra vida, 148.000 veces, sobre aquello que no podemos hacer (no somos capaces, no tenemos recursos, etc.). Los mensajes no han sido solo verbales; hemos recibido, incluso de parte de nuestros padres, miradas de desaprobación. ¿Y qué acerca de cuando estábamos en la

Capítulo 1 Así como piensa el hombre...

escuela y nos venía de regreso aquel examen con unas cuantas cruces rojas? Recibimos miles y miles de mensajes negativos verbales y no verbales. Programas de TV que vimos y que no tuvimos que analizar mucho para darnos cuenta que no fueron los más adecuados. El asunto no es cuántos miles o millones de mensajes negativos recibimos, sino que todavía están allí, en nuestro subconsciente, y son ellos los que están en control de nuestro proceder. Ahora bien, la verdad es que el setenta y siete por ciento (77%) de todos esos programas son falsos y están trabajando en contra de nosotros.

«Lo que nos gobierna no es lo que pensamos conscientemente, sino la información acumulada en nuestro subconsciente»

Lo que mi esposa estaba compartiendo en esa ocasión es una verdad fundamental. Lo que realmente nos gobierna no es lo que pensamos conscientemente, sino la información que se ha acumulado en nuestro subconsciente. ¿Por qué es importante que afrontemos desde un inicio esta condición? Por la sencilla razón de que la Biblia declara enfáticamente que según el hombre piensa, así se comporta. En otras palabras, es la información que se ha grabado en nuestro subconsciente la que decide nuestra conducta de vida, nuestras aspiraciones, nuestra fe, nuestro potencial y capacidad.

Zig Ziglar continúa diciendo: «Usted no puede comportarse consistentemente en una forma que sea inconsistente con la manera en que se ve a sí mismo». (Ziglar 1982, pág. 51) Es importante enfatizar la palabra «consistentemente», porque es posible actuar positivamente bajo el efecto de una plática motivadora o bajo cierta experiencia emocional, pero al pasar esos efectos, se confronta una vez más con su acondicionamiento mental, o sea la forma en la que te ves a ti mismo.

17

Considera cuántas personas, y tal vez tú mismo, manifiestan que han recibido «un toque especial» o han «experimentado» algo, han «entendido», etc. y esa experiencia les inspira o motiva a cambiar, lo cual de hecho hacen por un tiempo, pero después vuelven a su antiguo comportamiento o forma de ser. No es que la experiencia que tuvieron no sea legítima o que lo que entendieron no sea una verdad. Lo que pasa es que se quedó a nivel consciente y no trabajaron en cambiar su entendimiento de sí mismos en un nivel más profundo, en su subconsciente.

Otras formas de pensar...

¿Cuál es el acondicionamiento mental que tienes en cuanto a las riquezas y la libertad financiera? ¿Puedes verte disfrutando abundancia de riquezas sin tener un debate mental tratando de justificar por qué sí o por qué no? La verdad es que Dios nos creó para triunfar, para señorear sobre la creación y las circunstancias, pero el acondicionamiento mental predominante es contrario a esa verdad. El reto es, pues, destruir esas fortalezas mentales, derribar los argumentos humanistas, religiosos y tradicionalismos que se oponen altivamente a la verdad de Dios, y los haremos que se doblequen a la verdad de Cristo, establecida en la Palabra de Dios.

Dennis Peacocke, en su libro *Doing Business God´s Way* (Haciendo Negocios a la Manera de Dios) dice:

Yo creo que el evangelismo de economía es la siguiente ola mayor del futuro, por varias razones:

1. «Asuntos económicos son carnada universal para toda la gente». (Todos sabemos o intuimos el hecho que la necesidad de mejorar los ingresos es mundial. No hay un solo país en el mundo que no esté lidiando con problemas cuya raíz es financiera y no hay un solo país que no tenga pobres y necesitados en él.)

2. «El evangelio enseña claramente cómo seguir los propósitos

Capítulo 1 Así como piensa el hombre...

del fabricante (Dios), para la gente y sus usos para el orden creado». (En cuanto a lo que enseña el evangelio, aunque en teoría todos están de acuerdo, lo limitan a aspectos éticos, morales o "espirituales"; pero al llegar a aspectos económicos, la religiosidad los confunde.)

3. *«Las leyes de Dios de libertad, dignidad, crecimiento y justicia personal y corporativa, operan perfectamente en un medio ambiente competitivo y de auto recompensa». (Uno de los principios fundamentales que enseñamos es el de auto gobierno. De hecho, si trazamos todos los problemas y consecuentemente, todas las soluciones, llegamos a darnos cuenta de que la raíz es la responsabilidad personal. ¿Por qué es importante esto? Porque si Dios nos requiere auto gobierno o responsabilidad personal, es congruente que la recompensa tiene que ser basada en el esfuerzo y la dedicación propia. Autorecompensarse implica que nadie me está explotando pagándome menos de lo que valgo y a la vez no hay a quien culpar si no se sale adelante.)*

4. *Y, por último, «los cristianos tienen acceso a la sabiduría de Dios para tratar con todo lo antes mencionado...».* (Peacocke 1995, págs. xiv, xv)

En ese mismo libro, Dennis se lamenta que los cristianos deberían no solo enseñar las verdades bíblicas en cuanto a finanzas se refiere, sino también ser los primeros en vivir y demostrar sus efectos o resultados. Sin embargo, la gran mayoría no está cumpliendo ninguna de las dos funciones. Hay una mentalidad predominante que considera la riqueza como mundana y la pobreza como espiritual. Mal interpretan la escritura de: «Bienaventurados los pobres...» y se les olvida que Dios, a lo largo de la Biblia, señala la pobreza como maldición. Por lo tanto, ¿cómo puede prosperar alguien que es de doble ánimo? Porque quien no quiera ser pobre, pero al mismo tiempo considere la pobreza una virtud (bendición), está dividido y no prosperará en nada.

19

Basta con que tú consideres lo siguiente: ¿Es la pobreza buena y una meta digna de buscar y alcanzar en tu vida? ¿Debe ocupar una posición predominante entre las cosas que queremos enseñar a nuestros hijos? La respuesta es obvia: Todos demostramos con nuestros hechos que la respuesta es No. Ahora considera esto: ¿Es la humildad buena y una virtud digna de buscar y alcanzar en tu vida? ¿Debe ocupar una posición predominante entre las cosas que queremos enseñar a nuestros hijos? Aquí la respuesta es Sí. De hecho, el mismo Señor Jesús nos dice, *«Aprended de mí, que soy manso y humilde de corazón; y hallaréis descanso para vuestras almas».* (Mateo 11.29 RVR1960) Entonces, no pueden ser la misma cosa ni nada compatible. **¡Dios no está confundido! Recuerda que Él no cambia y que su palabra permanece para siempre, por lo tanto, la pobreza sigue siendo declarada por Él, como resultado de la desobediencia, o sea una maldición.**

Conscientemente, todos están de acuerdo con la declaración, pero a nivel del subconsciente siguen considerando las riquezas como algo menos que espiritual, y ese acondicionamiento mental es el que debemos cambiar...

El Doctor Lair Ribeiro, en su libro El éxito no llega por casualidad, indica: «La mayor parte de la realidad es algo que generamos en nuestra cabeza a partir de un tercer componente que no es visible. Este componente procede de nuestra programación cerebral, que a su vez depende de nuestra educación y de lo que nos fue infundido hasta los siete años. Por ejemplo, si a ti te inculcaron la creencia de que el dinero es sucio, aunque trabajes 24 horas al día, no te harás rico». (Ribeiro 2000, pág. 32)

El origen principal de ese acondicionamiento mental es derivado de lo que la Biblia señala como *«falta de conocimiento»* (Oseas 4.6; Isaías 5.13), y la única forma de contrarrestarlo es por medio de llegar a conocer la verdad para que ésta nos haga libres. (Juan 8.31–32) Esa es la intención de esta enseñanza, presentar elementos de juicio que desafíen el conformismo

Capítulo 1 Así como piensa el hombre...

existente en todo el mundo de una situación negativa, mediocre y supuestamente sin esperanza de mejora.

Otro de los objetivos es motivar a todas las personas que quieran considerarla a que despierten a esta realidad: «Cada uno puede labrar su propio destino». Considera la importancia de esa declaración. ¿Hay algo o alguien, aparte de ti mismo que pueda impedir que Dios te bendiga? ¿No dice la Biblia que el que siembra cosecha, que el que guarda la ley alcanzará bendición y será rico? Por lo tanto, no hay nada que pueda evitar la bendición; porque Dios no está limitado al sistema de gobierno, a la bolsa de valores, ni a nada. Dios está de tu parte y desea bendecirte, pero no en una forma mística alejada de la realidad material, ni en una forma futurista que ignore la realidad presente, sino con soluciones prácticas, disponibles a todo el que esté dispuesto a trabajar por su propio desarrollo. Por eso, lo único que puede impedir la bendición de Dios, es uno mismo, por no actuar de acuerdo a los principios de Dios.

¿Y dónde dejó Dios establecidos esos principios? El manual que Dios dejó al ser humano, con las instrucciones claras y específicas para tener éxito en la vida, es la Biblia. De hecho, las personas que están disfrutando de éxito en la actualidad, sean de la religión que sean y tengan las creencias que tengan, están teniendo éxito por aplicar principios enseñados en la Biblia, aunque ellos no lo sepan o no lo crean así. Considera lo que dice el autor del libro que cito a continuación:

- *«Ahora ya estamos preparados para examinar el primero de estos principios. Es necesario mantener el espíritu receptivo y recordar, a medida que se va leyendo, que no son invención de ningún hombre. Los principios han dado excelentes resultados a muchos hombres. Usted también puede utilizarlos en su propio beneficio y descubrirá que es cosa fácil hacerlo así.»*

- *Cinco pasos hacia la confianza en sí mismo: «Me doy cuenta perfectamente que ninguna clase de riqueza o posición*

21

puede sostenerse mucho tiempo si no tiene como base la verdad y la justicia; de manera que no realizaré acto alguno que no beneficie a todos los que en él tomen parte».

- «Alcanzaré el éxito atrayendo hacia mí las fuerzas que deseo usar y la cooperación de otras personas. Induciré a otros a que me sirvan a causa de mi deseo de servirles también a ellos. Suprimiré todo odio, envidia, celos, egoísmo y cinismo, desarrollando en mí el amor hacia toda la humanidad, porque sé que una actitud negativa hacia los demás jamás puede traerme el éxito». (Hill 2013)

¿Dirías que alguien que no conoce a Dios pudiera hacer una declaración semejante? Pues bien, el autor del libro no declara creer en Dios, pero los principios que descubrió son bíblicos. El autor se dio a la tarea de estudiar a los ricos para ver si encontraba qué tenían en común y como resultado encontró *13 principios* que todos practicaban sin importar su fe o religión. Ese libro: «_Piensa y hazte rico_», escrito por Napoleón Hill, nos señala que aparte de las verdades expresadas en la Biblia, nadie puede tener éxito. Ahora bien, sin importar quién sea la persona que aplique los principios en ella enseñados, obtendrá sus resultados porque son leyes eternas, establecidas para funcionar siempre que se cumplan sus condiciones.

Esto me ayudó a entender a qué se refería Jesús al decir: «*Separados de Mí, nada podéis hacer*». (Juan 15.4 RVR1960) Al principio me inquietaba el hecho de que gente que estaba separada de Cristo prosperaba en aspectos científicos, tecnológicos y aun económicos, y esa gente no atribuía sus logros a la voluntad o gracia de Dios. Lo que sucede es que están aplicando los principios de la Palabra de Dios, los reconozcan así o no. En lo que están separados es en el aspecto de redención; es decir, no creen en Él como Señor y Dios. Por lo tanto, en esa área no prosperan y sufrirán las consecuencias eternas. La declaración de Jesús también es mal interpretada por los cristianos. ¿En qué forma? Muy sencillo, muchos dicen más o menos así: «No importan mis limitaciones económicas y materiales actuales, con tal que obtenga la redención eterna».

Algunos hasta citan textos como las palabras de Jesús en cuanto a: «¿*Qué aprovechará al hombre, si ganare todo el mundo y perdiere su alma? ¿O qué recompensa dará el hombre por su alma?*». *(Mateo 16.26 RVR1960)* **Pero eso sería sacar el texto fuera de contexto, ya que Dios no nos está poniendo a escoger; Él nos ofrece ambas cosas.** *(3 Juan 2)* **Es el acondicionamiento mental religioso del hombre que nos ha metido en la cabeza que no podemos tener prosperidad espiritual y prosperidad material y que tenemos que conformarnos con una de ellas.**

Este razonamiento tiene como trasfondo el concepto religioso de «ganar o merecer» el perdón de Dios por medio de sacrificios o penitencias, sin darse cuenta de que tal actitud menosprecia el sacrificio vicario de Jesús y toda su obra redentora. Cuando analizamos el llamado a sufrir por el Reino y por vivir una vida pía, santa y consagrada, debemos darnos cuenta de que la limitación económica no es necesariamente parte de ese sufrimiento, ya que hay muchos que sufren limitaciones económicas, pero no por causa del evangelio, sino precisamente por ignorancia del mismo. De hecho, la historia misma muestra que en los países donde se ha dado mayor atención al evangelio son los países que más han prosperado económicamente. Mientras tanto, en los países donde no se observa el evangelio sino la religiosidad, predominan las limitaciones materiales, menos educación, menos salubridad y tantas otras cosas negativas.

Aterrizando

Concluimos, pues, esta porción **afirmando que lo que decide nuestra forma de valorar las cosas y nuestra forma de actuar, es el entendimiento consecuente de la información acumulada en nuestro subconsciente.** Si esa información ha sido en armonía con las enseñanzas de la Biblia, dará como fruto o evidencia una vida en continuo desarrollo, crecimiento y prosperidad. Por el contrario, si hay un acondicionamiento religioso y humanista, presentará el acomodamiento, el conformismo o aceptación de las circunstancias como algo bueno y sinónimo de humildad y fe, y hasta cuestionará y censurará a los que no estén satisfechos con la vida que tienen actualmente si están tratando de superarse económicamente.

Una prueba final puede servirte para verificar qué tan válido es tu concepto de humildad. Supongamos que a ti te dan la oportunidad de cambiar tu estado o condición económica actual, ya sea porque has ganado un premio económico o que algún pariente te ha dejado una herencia cuantiosa. ¿Qué harías? Si decides aprovechar y cambiar tu condición de vida, es prueba contundente que estabas viviendo en pobreza, no por convicción y fe, sino porque no tenías los medios para cambiarla. Sin importar cuánto daño haya hecho el humanismo y la religiosidad, en lo más profundo del ser humano está esa vocecita de su espíritu, creado a la imagen de Dios, que rehúsa ser menos que el señor de la creación de Dios, pues esa fue la comisión original que Dios le diera desde que lo puso en este planeta.

La información religiosa que ahoga esa voz del espíritu será anulada conforme consideremos la información bíblica presentada en este estudio y nos cuestionemos, ¿Por qué creemos lo que creemos? ¿Es el resultado de un estudio bíblico respetando el contexto de las escrituras y entendiendo el evangelio del Reino, que tanto Juan como Jesús y los apóstoles anunciaron, o es una tradición con textos fuera de contexto que se nos presentó como religión y ahora es parte de la cultura?

Si nos despojamos de ideas preconcebidas conforme analizamos el contenido de este libro, encontraremos elementos de juicio para desear y alcanzar la libertad financiera.

¿Por qué crees lo que crees?

PARA MEDITAR

1. Analiza detenidamente por qué crees lo que crees.
2. ¿Está ello en armonía con principios bíblicos, o no?
3. El fruto que has obtenido ¿demuestra o niega lo anterior?
4. ¿Estás conforme con tu situación actual o desearías poder cambiarla?

Capítulo 2
Definición de libertad financiera

Con el propósito de presentar el significado de las palabras para llegar a un entendimiento común, podemos decir que, en el contexto bíblico, «libertad» es el resultado de conocer la verdad sobre el tema que se esté tratando. Por ejemplo, ¿Cómo ser libre del temor de la muerte? Conociendo la verdad acerca de la muerte. La causa del temor a la muerte es bastante por no saber qué hay después de ella; y aunque la persona no crea en Dios, su espíritu eterno le asegura que la tumba no es el fin. Al llegar a comprender que vida y muerte no son estados sino naturalezas y que, para recibir la naturaleza de vida, hay que recibir a Cristo, pues en Él está la vida, lo libra a uno del temor de la muerte. Nota que digo llegar a comprender, porque hay muchas personas que «reciben» a Cristo como su salvador de una muerte eterna en el infierno, pero siguen pensando que vida y muerte son estados. El poeta casi le acertó cuando dijo: «No son muertos los que en dulce calma reposan en la tumba fría; muertos son los que tienen muerta el alma y viven todavía». Digo casi, porque lo que tienen muerto es el espíritu, y no el alma. Lo que se separó de Dios, lo que murió, lo que se perdió fue la comunión en el espíritu.

> «Seremos evaluados y recompensados en relación a las formas que se nos han confiado, no en comparación con la de ningún otro»

Otro ejemplo: Conocer la verdad acerca de nuestra identidad personal nos hace libres de complejos de inferioridad o superioridad, de apariencia, etc., porque llegamos a entender que, en esencia, en nuestra verdadera naturaleza, todos somos espíritus eternos creados a la imagen de Dios. Por lo tanto, somos de igual valor y estima. La diferencia es que desarrollamos diferentes funciones y nos expresamos a través de diferentes formas estructurales y circunstanciales. Lo que este entendimiento produce es la claridad que el éxito no se consigue con relación a lo que otros no hacen que nosotros sí, o lo que otros no pueden y nosotros sí, o que no tienen y nosotros sí. Al contrario, cada uno de nosotros ha sido colocado en un cuerpo, una raza, un color, un idioma, un sexo, una nacionalidad y demás características individuales y personales, para que desarrollemos una función específica. Aunque tenga mucha similitud con la de otros, sigue siendo única, y seremos evaluados y recompensados en relación a nuestro desarrollo y fidelidad a esas diferentes formas que se nos confiaron, no en comparación con la de ningún otro.

Otra forma de considerar la libertad es desde la perspectiva de «ser» y «tener». Por ejemplo, Pablo estaba en la cárcel cuando escribió varias de sus epístolas; desde el aspecto de «tener» se diría que no tenía libertad, pues no tenía la opción de ir y venir a su antojo; pero en el aspecto de «ser» no solo era libre, sino que estaba haciendo libres a muchos otros con sus enseñanzas. ¿Cómo podía Pablo hacer eso? Por ser consecuente con la verdad bíblica, puesto que lo interno es causal de lo externo, y como los principios funcionan de adentro hacia afuera, al ser verdaderamente libre interiormente, es cuestión de tiempo para que se llegue a tener la libertad externa.

Capítulo 2 Definición de libertad financiera

El concepto de «conocer»

Al aplicar ese mismo principio de verdad a lo que es «conocer», llegamos al entendimiento que conocer no es la sola acumulación de información y datos sobre algún tema, sino que es la experiencia práctica y personal de sus efectos. Por ejemplo, Dios no quiere que conozcamos el mal experimentándolo, aunque conocemos en teoría qué lo causa y los resultados que produce, pues Él mismo nos lo enseña en la Biblia y no hay ninguna contradicción en ello. Por lo tanto, al decir que la libertad financiera se adquiere por conocer la verdad acerca de las finanzas, mantengamos en mente la implicación de «conocer la experiencia práctica y personal de sus efectos».

«Conocer, no es la sola acumulación de datos sobre algún tema; sino la experiencia práctica y personal de sus efectos»

Veamos ahora cuál es la definición de Finanzas: «La ganancia o recursos de los individuos». (Webster 1828) «Caudales, bienes». (Real Academia de la Lengua Española 2017) Obviamente, en nuestros días, esas ganancias, recursos, caudales o bienes se miden en términos de dinero y en la Biblia se les llama tesoros, ***de allí que al hablar de finanzas prácticamente se está hablando de dinero.*** Entonces, podemos concluir, que libertad financiera implica conocer la verdad acerca del tesoro y experimentar los frutos de vivirla de forma consistente. Conocer esa verdad se resume en dos cosas: La naturaleza del dinero y la razón para la cual adquirimos el dinero.

Libertad financiera implica conocer la naturaleza del dinero y la razón por la cual lo adquirimos.

Capítulo 3
Dios es dueño de todo

Para entender la esencia o la naturaleza del dinero, consideremos desde el principio que *Dios es el Creador de la propiedad privada.* El punto que debemos tener claro, es el que Dios es el dueño de todo. Nos puso en el mundo para aprender a trabajar de acuerdo a su diseño, no para nuestra sobrevivencia, sino con el propósito de capacitarnos con la intención de luego heredar Su «empresa».

«Dios es el Creador de la propiedad privada»

Establezcamos en nuestra mente, desde este momento, esta gran verdad: *En el diseño de Dios no existe plan de jubilación o retiro, sino la meta de ser condueño con Él.* Es sumamente importante que captemos eso, porque dependiendo de la expectativa o meta que uno tenga por delante, así será la forma en que evaluará las cosas y la actitud con la que las afrontará. Por ejemplo: Si la razón de trabajar es para poder sobrevivir,

31

entonces se percibe el trabajo como una carga que hay que aguantar hasta que cumplamos nuestras responsabilidades de sacar adelante a la familia y después jubilarnos y, supuestamente, empezar a vivir o disfrutar de la vida. Si así es como tú entiendes y enfocas tu trabajo, aunque le des gracias a Dios por él y te sientas dichoso de tenerlo, en tu subconsciente, lo verás como un mal necesario, pero no como el método por medio del cual Dios quiere bendecirte a plenitud.

«En el diseño de Dios no existe jubilación, sino la meta de ser condueño con Él»

De hecho, si anticipamos llegar a un día en el cual ya no tengamos que trabajar más, en que nos podamos jubilar para poder viajar, para dedicarnos a nuestros nietos, tener tiempo para hacer algo que deseamos, pero que el tiempo dedicado al trabajo no nos ha permitido hacerlo o disfrutarlo, entonces nuestro entendimiento y aceptación del trabajo es el de algo temporal y circunstancial; si hubiese forma de sobrevivir sin él, lo haríamos.

Considera la siguiente gráfica de una encuesta hecha en EE.UU. (En los países latinos se inicia más temprano, pero la idea es válida):

Capítulo 3 Dios es dueño de todo

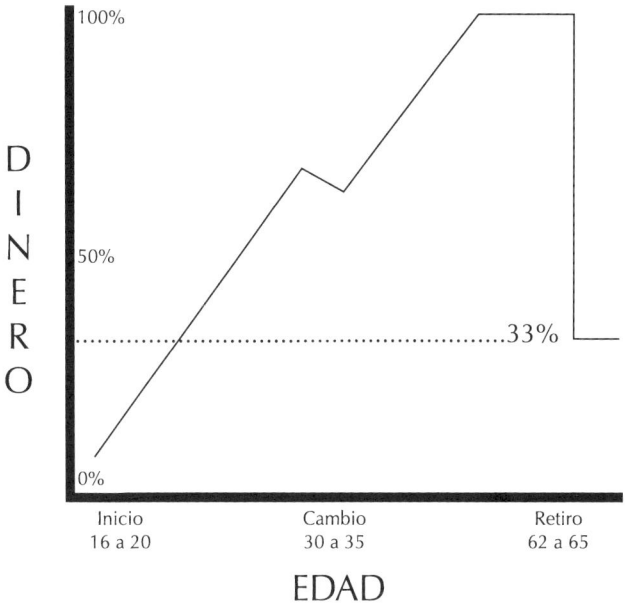

Las personas empiezan a trabajar entre los 16 y los 20 años, desarrollan un ingreso hasta cierto punto, pero al llegar a la edad entre los 30 y los 35 años, debido a que se casan, tienen familia u otras responsabilidades, ese ingreso ya no satisface sus necesidades y cambian de empleo. Muchas veces aceptan ganar menos inicialmente, con tal de tener mejor oportunidad de crecimiento. Luego aumentan sus ingresos hasta cierta cantidad, con la cual, por lo general, se acostumbran a vivir y la mantienen hasta la etapa de retirarse o jubilarse. Si han trabajado para el Estado, reciben una pensión de un 33% de lo que ganaban. Si trabajaban para la iniciativa privada, recibirán una indemnización que por lo general no les alcanza para vivir. La encuesta continúa diciendo que del 100% de esas personas que llegan a los 62 o 65 años y se retiran, el 74% son pobres y no tienen quien vea por ellos; el 25% dependen del Estado o familiares y solo el 1% son ricos. Lo más curioso es que de ese 1%, el 80% heredaron su riqueza y solo el 20% la ganaron.

33

Con esa clase de resultados, es obvio que el concepto que se tenga del trabajo no sea nada grato.

Otro aspecto que debemos aclarar es el hecho de que todo producto se forma de la propiedad de Dios, es decir, que toda la materia prima que se use para cualquier trabajo, producto o herramienta, viene de Dios, de Su propiedad. El hecho de que Él es el dueño de los recursos naturales implica que, aunque algunos los usen para mal, eso no hace la propiedad de Dios mala. Puesto que, en última instancia, todo lo que se usa proviene de la naturaleza y depende del sol y la lluvia para su crecimiento, sustento y desarrollo, no hay forma de negar que todo existe por la soberana voluntad de Dios. Entender esto es fundamental, porque uno de los grandes daños que la religiosidad ha hecho en el mundo es el de atribuir al diablo y las fuerzas de las tinieblas un valor y un poder que no tienen, pero ha limitado al cristiano de caminar en la vida abundante, prospera y victoriosa que Cristo ya le concedió. Recuerda que anteriormente expresamos que cada uno puede labrar su propio destino y que, de igual manera, es uno mismo quien se puede limitar a sí mismo, por ignorancia de la verdad bíblica y por seguir conceptos tradicionales, culturales y religiosos.

¿Existe algo que no pertenezca a Dios?

Al dejar que la Biblia sea la autoridad final que debe ser, se descubre el engaño religioso con el que se ha cargado al pueblo de Dios y se le ha limitado de ejercer el señorío y autoridad que Cristo ya le ha dado. Una de las formas que he encontrado más a menudo, en la cual se le ponen al pueblo de Dios cargas que no tiene que llevar, es en la de atribuirle maldición a ciertos productos. Por ejemplo, el iniciar peleas porque tal producto tiene la marca de la bestia y no hay que comprarlo. Si respetamos la verdad que Dios es el dueño de todo y que todo producto es fabricado con la materia prima de Dios, solo podemos llegar a una conclusión: El hecho de que alguien use mal la creación de Dios, adultere el propósito de

Capítulo 3 Dios es dueño de todo

las cosas, administre mal la propiedad de Dios o se tome para sí la gloria, beneficios o resultados de lo que Dios le permitió usar, no hace la creación de Dios algo malo.

Supongamos que un doctor, antes de usar un bisturí para operar y salvarle la vida a alguien, preguntara quien lo fabricó y le dijesen que fue un ateo, un satanista que no cree en Dios y le da la gloria al diablo. Lo más seguro es que no querrá usar ese bisturí por su creencia en Dios y se encontrará en un dilema, ya que le informaron que como el bisturí es de buena calidad, el hospital solo tiene de esa marca y que de no usarlo tendría que ir a comprar otro, lo cual podría arriesgar la vida del paciente. Salen a consultar a los parientes del paciente en cuanto a operarlo con tal bisturí y los parientes no hallan qué hacer, ya que dicen que el paciente es un predicador del evangelio. ¿Podría operarse a un predicador del evangelio con un bisturí fabricado por un satanista? ¿Que sería más importante? ¿Que el doctor es creyente en Dios y desea salvar la vida a un paciente que también es creyente en Dios y predicador de su evangelio? ¿O que el instrumento que usará es fabricado por un satanista? Para expresarte mi sentir, permíteme primero llamar tu atención hacia la Biblia.

Veamos las siguientes porciones bíblicas y considera cuán diferente es la declaración de la Palabra de Dios en cuanto a las doctrinas predominantes relacionadas con demonios y batallas espirituales: *(1 Corintios 8.4–7) "Acerca, pues, de las viandas que se sacrifican a los ídolos, sabemos que un ídolo nada es en el mundo y que no hay más que un Dios. Pues, aunque haya algunos que se llamen dioses, sea en el cielo, o en la tierra (como hay muchos dioses y muchos señores) para nosotros, sin embargo, solo hay un Dios, el Padre, del cual proceden todas las cosas y nosotros somos para él; y un Señor, Jesucristo, por medio del cual son todas las cosas, y nosotros por medio de él. Pero no en todos hay este conocimiento; porque algunos, habituados hasta aquí a los ídolos, comen como sacrificado a ídolos y su conciencia, siendo débil, se contamina". (RVR1960)*

35

> «La conciencia, por sí sola, no es buen juez ni buena guía, porque, dependiendo de la información recibida, así será la formación de sus propios juicios y valores»

En esta porción, Pablo declara enfáticamente la base del primer principio que hemos enunciado: Dios es el dueño de todo, de Él proviene todo y es la falta de conocimiento lo que hace que algunos se sientan condenados, confundidos y atribulados hasta el extremo de creer que sí pueden ser contaminados por lo que comen. Nota que Pablo aclara que el problema no es lo que comen, que haya sido sacrificado o no a los ídolos, sino que el problema es el «hábito», la predisposición mental, la forma de pensar y valorar las cosas en el subconsciente de la persona, lo cual le dice a su conciencia cómo juzgar las cosas.

Éste es un buen punto que debemos aclarar. La conciencia por sí sola no es un buen juez ni una buena guía, porque recuerda que, dependiendo de la información recibida, así será la formación de sus propios juicios y valores. *Si esa información no está basada en la verdad bíblica, sino en tradiciones o conceptos religiosos o culturales, condenará cosas que Dios no condena y llamará inmundo lo que no es.* Expandamos el concepto por medio de leer 1 Corintios 10.25–30: «*De todo lo que se vende en la carnicería, comed, sin preguntar nada por motivos de conciencia; porque del Señor es la tierra y su plenitud. Si algún incrédulo os invita y queréis ir, de todo lo que se os ponga delante comed, sin preguntar nada por motivos de conciencia. Mas si alguien os dijere: Esto fue sacrificado a los ídolos; no lo comáis, por causa de aquel que lo declaró y por motivos de conciencia; porque del Señor es la tierra y su plenitud. La conciencia, digo, no la tuya, sino la del otro. Pues, ¿por qué se ha de juzgar mi libertad por la conciencia de otro? Y si yo con agradecimiento participo, ¿por qué he de ser censurado por aquello de que doy gracias?*» *(RVR1960)*

Capítulo 3 Dios es dueño de todo

Una vez más, Pablo declara que todo es de Dios y que de Dios no proviene nada malo. *El problema reside en la forma de pensar de las personas.* Haz la suposición de que tú acatas la dirección bíblica y comes sin preguntar nada, y luego te enteras de que esa carne había sido ofrecida a un ídolo. ¿Te va a afectar? ¿Te vas a sentir contaminado? Si tú crees en la Biblia, no pasará tal cosa.

«El problema reside en la forma de pensar de las personas»

...Y si antes de comerla te dicen que fue ofrecida a un ídolo y tú la comes de todos modos, ¿así sí vas a ser contaminado? Tampoco. El que te digan o no que fue sacrificada a un ídolo, no le hace absolutamente nada a la carne. Pablo indica claramente que lo que se trata de proteger es la *«débil conciencia»* del otro, que por su forma de pensar y su falta de conocimiento pensaría que estás pecando y, de hecho, sí estarías pecando, pero no en cuanto a comer la carne, sino que en cuanto a tu falta de amor y consideración por la otra persona; pero la carne no te contaminaría de ninguna manera.

Muchos cristianos atribuyen al diablo, al humanismo o materialismo, una atención e importancia mayor que a la realidad de la soberanía de Dios. Volviendo al ejemplo del bisturí que fue fabricado por un satanista, ¿te puedes dar cuenta que si el doctor lo está usando para un buen propósito y la persona beneficiada es un siervo de Dios, en realidad ese instrumento está siendo usado por Dios? Si te cuesta creerlo, considera estos ejemplos: Dios usó naciones impías para corregir a su pueblo *(Asiria; Isaías 10.3–15)*, usó a incrédulos para realizar su plan *(Ciro; Isaías 45.1–6)* y usó lo fabricado por impíos con intenciones impías para expandir su evangelio (los caminos y puentes de Roma); Dios usa al mismo diablo (Job) y declara que para el cristiano nada es inmundo. Entonces, ¿a quién habremos de creerle?

37

Considera un último texto al respecto: *(Romanos 14.13–14) «Así que, ya no nos juzguemos más los unos a los otros, sino más bien decidid no poner tropiezo u ocasión de caer al hermano. Yo sé, y confío en el Señor Jesús, que nada es inmundo en sí mismo; más para el que piensa que algo es inmundo, para él lo es». (RVR1960)* ¿Te das cuenta lo que declara Pablo? En primer lugar, los que están juzgando, censurando, condenando y sirviendo de tropiezo al hermano no son los satanistas, los humanistas o los materialistas. Son los mismos hermanos que no tienen conocimiento de la libertad con que Cristo nos ha hecho libres, ni entienden su responsabilidad de mayordomos aquí, y tienen su mentalidad puesta en el cielo y en el futuro. En segundo lugar, Pablo declara que «sabe» que nada es inmundo en sí; que el bisturí no es inmundo en sí; que la carne sacrificada a los ídolos no es inmunda en sí; que cualquier producto fabricado con la propiedad de Dios, tenga la marca que tenga, no es inmundo en sí. *Pero,* para el que prefiera creerle a la religiosidad y le atribuya al diablo un poder que no tiene, para el que ignore la verdad de la Palabra de Dios y *piense* que sí se puede contaminar, *para esa persona* sí es inmundo. A eso es a lo que me refiero al decir que muchos atribuyen al diablo, al humanismo o materialismo una atención e importancia mayor que a la realidad de la soberanía de Dios.

¿Espiritual o carnal?

En relación al concepto de espiritualizar las cosas fuera de contexto, en lugar de rechazar lo material, Dios lo usa para manifestar lo espiritual. Cuando Dios tiene una idea, busca la forma de materializarla. El mayor ejemplo de esto es Jesús, lo cual es todo lo opuesto a los que quieren espiritualizarlo todo alejándolo de lo material. De allí que la astucia de Satanás sea la de atacar la mayordomía de la propiedad y las cosas materiales, por medio de «vender» la idea de que quien piense en esas cosas es un materialista, carente de valores espirituales.

Lo lamentable es que la mayoría de los cristianos «se tragan» tal mentira, por lo que dejan las cosas materiales a los que

Capítulo 3 Dios es dueño de todo

supuestamente «no tienen valores espirituales», aduciendo que no les interesa contaminarse del mundo «material» en el que vivimos. Lo triste de esta forma de actuar es que, aunque no quieren ser «materialistas» en su forma de pensar, sí dependen de cosas materiales para existir y para llevar a cabo todo lo que quieren, aun su servicio a Dios. Por lo que al final de cuentas, dependen de esos «materialistas» para que les suplan los medios y herramientas, poniéndose de esa forma, en las manos de ellos.

Esta es una de las maneras en que el enemigo ha tomado dominio sobre los recursos de la tierra, y puesto que las personas dependen de ellos para su existencia—las naciones estando así cautivas o dependientes—no se sienten desafiadas ni inspiradas por el cristianismo. ¿Qué quiero decir con esto? Debido a esa actitud errónea de considerar materialistas o mundanas todas las cosas como la tecnología, herramientas, instrumentos, propiedades, medios de comunicación, etc., aludiendo que el «mundo» los utiliza para sus propios fines, el cristiano tiende a no querer tener nada que ver con ellas. Por lo tanto, no se capacita para competir en cuanto a calidad y rendimiento en esas áreas, dejando el campo abierto para el sentido de valores influenciado por el enemigo. Por mucho tiempo se consideró que usar instrumentos como guitarra eléctrica, batería, bajo, etc., para las alabanzas a Dios, era meter «el mundo a la Casa de Dios». Aún hay quienes consideran que es pecado que un cristiano participe de deportes como el balón pie (fútbol); por mucho tiempo se declaró que la TV era la caja del diablo, ¿y qué me dicen de un cristiano participando en política?

Si tan solo nos detuviéramos a considerar la implicación de ser «luz del mundo y sal de la tierra», nos daríamos cuenta de que tenemos que participar activamente en todas esas cosas aparentemente materiales para poder cumplir el mandato de Dios. Lo que es más, tanto Dios como satanás necesitan cuerpos humanos materiales para extender su poder; es decir, necesitan personas que sean sus instrumentos. Dios, aunque puede obrar por sí mismo o a través de sus ángeles, ha elegido usar al ser humano para llevar adelante su plan. El diablo, aunque quisiera, no puede obrar por sí mismo ni a través de sus demonios, y depende de engañar a los humanos para poder operar a través de ellos. Con esto, queda claro que el punto clave es que lo material es básico y elemental para hacer la voluntad de Dios o la del diablo.

El diablo, conocedor de estos puntos, ciega el entendimiento de la gente de Dios con suposiciones falsas, aparentemente espirituales, y los confunde en cuanto a tomar la actitud que lo material no es importante, que eso es carnal, mundano y falto de espiritualidad. Al entender pues, que toda propiedad privada es de Dios, podremos comprender el principio de ser fiel en lo ajeno a fin de recibir lo propio. Es decir, administrar bien lo que ahora es propiedad de Dios, mostrando capacidad de mayordomía, para que luego nos lo dé como herencia personal.

Dios es dueño de todo

PARA MEDITAR

1. Haz un inventario de todos tus bienes.

2. ¿Existe algo que no pertenezca a Dios?

Capítulo 4
La naturaleza o esencia de las riquezas

Al tener claro lo indicado en el capítulo anterior y con base en esa enseñanza, debemos deshacernos del tropiezo que se ha puesto a la adquisición del dinero como algo correcto. Comencemos por decir que el dinero representa nuestra vida física misma: Es la forma material en que se expresa cómo hemos usado nuestro tiempo, energía y talentos, además de representar nuestro poder adquisitivo y aun nuestra influencia en la sociedad...

«El dinero es la forma material que expresa el uso de nuestro talento, tiempo y energía, y aun nuestra influencia en la sociedad»

Permíteme expandir este concepto. Al decir que el dinero representa nuestra vida, no quiero limitarlo al aspecto de remuneración económica por un empleo, servicio o profesión, porque eso daría la idea de que el dinero es un pago, y le restaría el valor positivo y altruista que debe tener.

La mejor forma que he escuchado para describirlo es que el dinero es la representación del beneficio o contribución que hemos hecho para el bienestar de alguien o de la sociedad.

Esta perspectiva, aunque no cambia la forma de actuar, sí cambia la actitud y entendimiento que uno tenga para con lo que hace. Escucha al Honorable Bob McEwen poner este ejemplo:

«Haz la suposición de que quieres adquirir un par de botas que cuestan $60.00 y vas y le dices al dueño de la tienda que te las dé. Él te pregunta que qué bien has hecho para merecer las botas y tú le respondes: «He ayudado a la viuda tal cortando la grama de su casa». Él pregunta: «¿Cómo sé yo que lo has hecho?», a lo que tu respuesta es sacar un billete de $20 y le dices: «Ella me remuneró con este billete». El señor de la tienda te dice: «Qué bueno, pero estas botas valen $60 así que tú debes contribuir al bienestar de otros dos o hacer otra clase de contribución en la que recibas mayor remuneración».

Esta forma de entender las cosas también responde a las razones por las que adquirimos dinero, y básicamente son dos.

1. Para disfrutar más tiempo de la compañía de nuestros seres queridos y amigos.

2. Para contribuir a las obras o instituciones en las que creemos y poder ayudar a otros.

Aunque suene muy simplista, de simple no tiene nada; por el contrario, es un concepto muy completo en sí; permíteme ampliarlo.

Haz la suposición de que hay una actividad en la escuela y tu hijo participará en ella; él quiere que estés presente y desde

Capítulo 4 La naturaleza o esencia de las riquezas

luego, tú también lo quieres así; solo que es un día entre semana y en horas hábiles, por lo que tú lo sientes y le dices que no puedes porque no tienes «tiempo».

Ahora la pregunta clave: ¿No tienes tiempo o no tienes dinero? Si no corrieras riesgo de perder tu empleo, tus pacientes o tus clientes, ¿asistirías al evento?

Considera este otro ejemplo: Te regalan un yate modernísimo, de lujo y totalmente equipado, pero te ponen una condición: «Solo tú puedes disfrutarlo, nadie más puede subir a él». ¿Tendría sentido para ti tal posesión si no la puedes compartir con familiares y amigos?

Por último, considera la segunda declaración anterior. Si tuvieras los recursos suficientes, ¿no te gustaría poder participar activamente en proveer ciertas necesidades, contribuir a ciertas causas o aun financiar una campaña de información sobre ciertos temas o acontecimientos?

Permíteme pasar ahora a la primera vez que la palabra dinero se menciona en la Biblia para mostrarte cómo las dos motivaciones anteriores encajan en el concepto bíblico del dinero.

«Y de edad de ocho días será circuncidado todo varón entre vosotros por vuestras generaciones; el nacido en casa y el comprado por dinero a cualquier extranjero que no fuere de tu linaje. Debe ser circuncidado el nacido en tu casa y el comprado por tu dinero, y estará mi pacto en vuestra carne por pacto perpetuo». (Génesis 17.12–13 RVR1960)

Si recordamos que la circuncisión era la forma de poder participar de los beneficios, responsabilidades y privilegios de ser parte del pueblo de Dios, podemos ver que este comprar gente con dinero llena los dos aspectos mencionados.

1. El dinero permitía que otros pasaran a ser parte de la familia, a tener acceso a los beneficios y privilegios del pacto.

43

2. El hecho de comprarlos no los denigraba; por el contrario, se financiaba así una buena causa y se les devolvía su dignidad humana.

Con la luz que el apóstol Pablo nos da, podemos ver que la circuncisión era símbolo de la redención que Cristo Jesús adquirió por nosotros, y sabemos los beneficios que nos trae el ser comprados por precio, como dice la misma Biblia.

«Pues no es judío el que lo es exteriormente, ni es la circuncisión la que se hace exteriormente en la carne; sino que es judío el que lo es en lo interior, y la circuncisión es la del corazón, en espíritu, no en letra; la alabanza del cual no viene de los hombres, sino de Dios." (Romanos 2.28–29 RVR1960)

"Porque en Cristo Jesús ni la circuncisión vale nada, ni la incircuncisión, sino una nueva creación». (Gálatas 6.15 RVR1960).

Con esa luz, podemos ver que el valor del dinero es precisamente para la redención del hombre a fin de que pase a ser parte de la familia de Dios y disfrute de comunión con el Padre. Además, lo capacita para contribuir en proyectos que adelanten el establecimiento del Reino, es decir a ser luz del mundo y sal de la tierra.

Es importante hacer notar el énfasis que el enemigo pone en el dinero a tal grado que la raíz de todos, no de algunos, de todos los males es el amor al dinero. Compara eso con que la raíz de todo pecado es el egoísmo, o sea, el amor inapropiado a uno mismo, y te darás cuenta cuán asociada está la naturaleza del dinero a nuestra naturaleza humana.

La naturaleza del dinero o de las riquezas no es material. Veamos este texto: 2 Corintios 4.6–7: *«Porque el Dios que dijo: "La luz resplandecerá de las tinieblas" es el que ha resplandecido en nuestro corazón para iluminación del conocimiento de la gloria de Dios en el rostro de Jesucristo. Con todo, tenemos este tesoro*

Capítulo 4 La naturaleza o esencia de las riquezas

en vasos de barro para que la excelencia del poder sea de Dios y no de nosotros.» *(RVA-2015)* El contexto de esta porción nos habla de la predicación del evangelio, de la mayor gloria del nuevo pacto y especialmente contrasta el entendimiento que se tiene de las cosas, porque el dios de este siglo le da otro sentido de valor, pero el punto clave está en el proceso que ese versículo presenta para declararnos a lo que llama el tesoro:

> «Es de acuerdo a lo que se cree con el corazón, la forma en que uno se conducirá»

1. Nota que primero menciona que la luz de Dios ilumina el corazón. Tú sabes que entre las distintas cosas que la luz representa, el concepto más comúnmente aceptado es el relacionado con conocimiento. Es decir que la entrada de la luz o el ser iluminado implica que se recibe entendimiento. El hecho que se señale el corazón como el centro de esta iluminación va en armonía con la declaración de que es de acuerdo a lo que uno crea en el corazón, la forma en la que uno se conducirá. Textos tales como «según piensa en su corazón tal es él» o «de la abundancia del corazón habla la boca» y «de él (el corazón) mana la vida», son clara evidencia que las personas se comportan y actúan de acuerdo a la información, entendimiento y creencia de su corazón.

> «Ideas y acciones tienen consecuencias económicas»

2. El segundo paso en el proceso nos aclara que esa renovación de entendimiento en el corazón *«ilumina el conocimiento de la gloria».* En otras palabras, el conocimiento específico en el que se está centrando es en

45

el de la gloria de Dios, que es la meta o propósito para el cual fuimos creados.

En tercer lugar, notemos que a ese conocimiento y entendimiento adquirido lo resume como el *«tesoro»*.

En resumen, la esencia del tesoro, o riquezas, primero tiene que ser un entendimiento espiritual, pues será éste el que haga de las cosas materiales un vehículo para gloria o para vergüenza. Esto mantiene armonía con lo que sabemos de la forma en que los principios de Dios operan, o sea, de lo interno a lo externo. De tal manera, que cual sea la actitud de tu corazón en cuanto a las riquezas, así será el uso y los fines para los que se destinen.

Causa y efecto

«Lo que hace la diferencia es la forma de pensar de cada persona»

«Ideas y acciones tienen consecuencias económicas», es el principio número 8 del libro de Dennis que citara anteriormente. (Peacocke 1995, pág. 109) Esa verdad es obvia y prueba de ello son los inventos; **primero fueron una idea en la mente de alguien, y sus acciones produjeron riqueza o pobreza, según la forma en que se desarrollaron.** *Esa es la misma clase de mentalidad que debemos tener en cuanto a las ideas y acciones de nuestra vida cotidiana y con asuntos pertinentes a nuestra familia.* Lo que ese principio nos dice es que la condición económica que experimentamos es el resultado de nuestra forma de pensar y, en consecuencia, de actuar. Seguramente, tú argumentarás que eso no es así, pues, aunque te pongas a pensar que quieres más dinero, lo que te pagan en tu trabajo o lo que te rinde tu profesión o negocio es cierta cantidad y esa es la condición real. Para poder tener más dinero, necesitas que te paguen más por lo que haces.

Capítulo 4 La naturaleza o esencia de las riquezas

Si eres de los que piensan así, eso solo evidencia que la clase de información que has adquirido es equivocada; por lo tanto, el resultado económico que tienes no es el mejor. Hay que aceptar que las personas con situaciones semejantes a la tuya y con las mismas condiciones y oportunidades, están teniendo diferentes resultados, ya sean mejores o peores; *de donde se deduce que lo que hace la diferencia es la forma de pensar de cada persona,* no las circunstancias o las condiciones externas.

El punto fundamental que quiero enfatizar es la importancia de la información que producirá las ideas y consecuentemente acciones: ***No se puede estar considerando conceptos contrarios a la verdad de Dios y esperar al mismo tiempo que Él nos bendiga.***

Por eso tenemos que aplicar a este proceso de pensar y actuar, el principio bíblico de sembrar y cosechar. Las ideas que fueron sembradas en nuestra mente durante nuestra niñez, no solo con palabras sino con ejemplos, son los elementos que ahora muestran como fruto la actitud y condición de vida que llevamos, la cual finalmente se mide en términos económicos.

La Biblia indica que según sea la forma de pensar de la persona, así será su forma de vida; de donde se deduce que la persona trabaja mental y físicamente con la información que tiene en su subconsciente. ***Dios mismo nos dice en Isaías 58 que como no pensamos de acuerdo a Su verdad, no nos conducimos de acuerdo a Su voluntad y por lo tanto no recibimos Su bendición.*** Uno no puede evitar las circunstancias que nos rodean, pero si crees en la Palabra de Dios, entonces debes saber que las circunstancias nunca han limitado a Dios de bendecir y prosperar a los que ponen por obra los principios de Su Palabra. En los momentos de mayor depresión económica, siempre ha habido personas que prosperan económicamente; por lo tanto, el secreto es no dejarse llevar ni prestar oídos a las circunstancias, sino confiar plenamente en lo que Dios ha dicho.

En su libro *El éxito no llega por casualidad*, el Dr. Ribeiro dice: «Todo aquello en lo que te concentras tiende a aumentar. Si te centras en tus limitaciones, crecerán proporcionalmente a la energía empleada. En vista de eso, es mucho mejor que te centres en tus cualidades (reales o imaginarias), ya que ello hará que crezcan y fructifiquen». (Ribeiro 2000, pág. 26) Por ello, estoy enfatizando la importancia de dejar de oír las palabras, ideas, consejos o enseñanzas que insisten en decirnos que no se puede salir adelante bajo las presentes condiciones. No importa si tal información la estamos recibiendo de un ser querido, un amigo o un predicador, ya que, de todos modos, la fuente de tales palabras no es la Palabra de Dios.

Un tesoro...

«Es el entendimiento que se tenga del dinero y su razón de ser lo que constituirá el tesoro»

Permíteme anticipar una declaración personal de la naturaleza del dinero: Es el entendimiento o conocimiento que se tenga del dinero y su razón de ser lo que constituirá el tesoro. Si estás caminando y de repente ves unos papeles sucios tirados en el suelo, llenos de lodo porque esa tarde había llovido, ¿te detendrías a recogerlos como buen ciudadano para contribuir a la limpieza de tu ciudad? Lo más seguro es que no. Añadamos ahora que la luz de un vehículo ilumina los papeles y tú ves el número 100 y unos diseños en los papeles de un color específico que los identifica como billetes de cien dólares. ¿Te detendrías ahora a recogerlos? Lo más seguro es que sí. ¿Qué hizo la diferencia, puesto que el valor de los papeles es exactamente el mismo? Lo que les da más valor es el acuerdo existente entre las personas de esa nación de que tales papeles, con ciertos detalles y colores, valen mucho más que su valor real. Sin embargo, es muy probable que esos mismos billetes en otra

Capítulo 4 La naturaleza o esencia de las riquezas

nación no tengan mucho valor, por lo que es el entendimiento o acuerdo común de las personas lo que dicta el valor de esa riqueza monetaria.

Veamos otros textos para ilustrar el punto. *Mateo 12.34–35 dice: «¡Generación de víboras! ¿Cómo podrán ustedes, siendo malos, hablar cosas buenas? Porque de la abundancia del corazón habla la boca. El hombre bueno del buen tesoro saca cosas buenas y el hombre malo del mal tesoro saca cosas malas». (RVA-2015)* La primera parte de esa porción la repetimos bastante, pero la segunda parte casi ni se menciona, aun cuando es importante. **Señala que lo que hay en el corazón es lo que constituye el tesoro de la persona**, y este suele ser bueno o malo; es bueno, si se tiene el conocimiento indicado por Pablo en el texto que consideramos antes; y es malo si se tiene el sentido de valores del mundo. Añadamos *Colosenses 2.2–3: «Para que unidos en amor, sus corazones sean reanimados hasta lograr toda la riqueza de la plena certidumbre de entendimiento, para conocer el misterio de Dios, es decir, Cristo mismo. En él están escondidos todos los tesoros de la sabiduría y del conocimiento». (RVA-2015)* Esta porción también señala las riquezas o el tesoro, como procediendo de la comprensión que se adquiera del evangelio de Cristo que es lo mismo que el evangelio del Reino, pues solo hay un evangelio.

Considera esto: Lo primero que el comunismo hacía al tomar dominio sobre un país era quitar la propiedad privada, y puesto que el diseño de Dios es que lleguemos a ser codueños o propietarios con Él, al quitar la propiedad privada, se anulaba ese incentivo y se destruía la creatividad, la iniciativa y la capacidad para gobernar. Según Dennis, *«…toda persona tendrá que rendir cuentas por cinco aspectos:*

1. El cuerpo.
2. La conciencia.
3. Las relaciones interpersonales.
4. Los talentos y,
5. Las posesiones.

Éstas son préstamos de parte de Dios y deben devolvérsele con ganancia». (Peacocke 1995, pág. 19)

Considera que no se trata de solo cuidarlas y devolverlas, sino que debemos entregarlas con ganancia. Es decir, poner a producir lo recibido, tal y como lo muestra la parábola de los talentos y la de las minas, en las cuales la persona que no multiplicó lo que se le dejó, aunque lo guardó y lo devolvió intacto, se le castigó por negligente.

El principio de mayordomía implica el desarrollo de todo aquello que está bajo nuestra responsabilidad, porque si solo cuidamos de lo nuestro, eso es consumismo, no crecimiento. Es otra forma de expresar la mentalidad de muchas personas que solo se preocupan de su pedazo, y no tienen tiempo ni oportunidad para pensar en algo más grande, y como todo engaño del enemigo, puede sonar justo o razonable. Sin embargo, contradice abiertamente el claro mandato de Dios dado en Génesis 1.28 de *«llenar la tierra y sojuzgarla»*. *(RVR1960)* Por lo tanto, si Dios nos ordena que hagamos algo es porque sí se puede, y nuestra tarea consiste en aceptarlo y empezar a buscar forma de hacerlo, en lugar de buscar pretextos religiosos para no cumplirlo.

Así que...

Para resumir este capítulo, podemos decir que lo que constituye la esencia o naturaleza de las riquezas o el tesoro es el entendimiento que tengamos del diseño de Dios para el ser humano y la comisión que Él nos ha dado en Su Palabra. Por lo tanto, para que podamos experimentar la libertad financiera, es imprescindible que renovemos nuestro entendimiento, que aceptemos que nuestra mente ha sido saturada de religiosidad y negativismo, y hemos dado crédito a la teoría del enemigo de que no podemos prosperar si no nos acomodamos al sistema de préstamo y deuda. No hay que olvidar las claras advertencias de la Biblia en cuanto al peligro de caer en el engaño de las riquezas y las tristes consecuencias de los que quieren enriquecerse, por lo que, para no caer en ese engaño, debemos invertir en el Reino de Dios, y eso será justamente lo que consideraremos en el próximo capítulo.

Tu tesoro se esconde en tu forma de pensar

PARA MEDITAR

1. ¿Qué relaciones, posesiones y actividades valoras más?

2. ¿Qué clase de impacto causaría a estas relaciones la abundancia o escasez del dinero?

Capítulo 5
Invirtiendo en el reino

La definición de la palabra invertir, aplicada primero al dinero y luego a nuestra vida, nos dará más luz sobre el tema de la libertad financiera.

«Invertir: Vestir dinero con algo permanente o menos fugaz»

Invertir viene del latín *«investio»* «vestir» y la definición que Noah Webster da es bastante iluminadora: «Vestir dinero con algo permanente o menos fugaz». Esa definición nos aclara que el dinero no es permanente, o sea, que es fugaz. A pesar de ser un instrumento tan influyente y poderoso, el dinero sigue expuesto a cambios súbitos como: robo, despilfarro (ejemplo: la parábola del hijo pródigo), derrocamiento del sistema de gobierno, etc. Es por eso que la inversión lleva la meta de vestir ese poder e influencia con algo más seguro y duradero que el dinero mismo. Ahora veamos la aplicación a nuestra vida física o material y te darás cuenta de que, siendo tan importante, es tan frágil y sujeta a tantos riesgos como el dinero.

Mateo 6.19–21 dice: «No acumuléis para vosotros tesoros en la tierra, donde la polilla y el óxido destruyen, y donde los ladrones se meten a robar. Más bien, acumulad tesoros en el cielo, donde ni la polilla ni el óxido carcomen, ni los ladrones se meten a robar. Porque donde esté tu tesoro, allí estará también tu corazón». (CST) En primer lugar, Jesús no nos está diciendo que no acumulemos riquezas, sino que lo que hace es indicarnos dónde conviene acumularlas. En segundo lugar, ejemplifica lo expresado anteriormente por Webster, en el sentido de que las riquezas sujetas al sistema de la tierra están expuestas a la destrucción. La pregunta obligatoria aquí es: ¿Cómo acumularlas en el cielo? o como dice Webster: ¿Cómo vestirlas de cielo para que no estén expuestas a esos cambios y destrucción? Pues es fácil: invirtiendo en el reino. **Recuerda también que del corazón manan o surgen los asuntos de la vida, insistiendo en la afinidad que hay entre el dinero y nuestra vida material. Por lo tanto, al vestir el dinero con cielo, también vestimos nuestra vida material.**

Conviene aclarar que en el cielo no hay bancos y que no estamos acumulando para nuestro retiro, pensión o jubilación en el cielo. El concepto religioso tiende a justificar la escasez material aquí y ahora, diciendo que no importa ser pobres o necesitados, porque en el cielo tendremos riquezas.

Esa no es la enseñanza bíblica. Respetando el contexto de las escrituras y razonando a la luz de las palabras de Jesús, vemos cómo Él censuró al que guardó el talento y le recriminó el no haberlo puesto en el banco para que ganara intereses. También vemos que a los que multiplicaron el dinero que les dejó es a los que alaba y bendice; así que sería contradecir las escrituras declarar como buena mayordomía tomar la actitud de que no importa cómo usamos el dinero, aunque sea para una buena obra, si nos quedamos sin él. Eso no es ser buenos administradores del dinero que Dios nos ha confiado.

Capítulo 5 Invirtiendo en el reino

Marcos 10.21–22: «*Entonces al mirarlo Jesús, le amó y le dijo: Una cosa te falta: Anda, vende todo lo que tienes y dalo a los pobres; y tendrás tesoro en el cielo. Y ven, sígueme. Pero él, abatido por esta palabra, se fue triste, porque tenía muchas posesiones*». *(RVA-2015)* Muchos con mentalidad religiosa tienden a tomar esta porción y la sacan de su contexto, indicando que la voluntad del señor era que se quedara con nada. Por lo tanto, deducen, que cuando uno invierte el dinero en hacer algo que es la voluntad de Dios, aunque se quede sin nada o con poco, está haciendo tesoros en el cielo. La tradición enseña solo la mitad de esta verdad cuando dice que aunque aquí en la tierra no tenga nada, tendría tesoro en el cielo, que es otra forma de decir invertiría en el reino y vestiría su dinero con cielo, donde ladrones no roban, etc., pero el problema de esta interpretación es que contradice una enseñanza tan clara y expresada a lo largo de la Biblia, que es la de la siembra y la cosecha, la cual indica que, si alguien siembra, deberá cosechar.

«Dios no nos pediría un voto de pobreza para servirle, cuando Él ha declarado la pobreza como maldición o consecuencia del pecado»

Dios no nos pediría un voto de pobreza para servirle cuando Él ha declarado la pobreza como maldición o consecuencia del pecado. Sería semejante a ofrecer un cerdo en lugar de un cordero, como ofrenda grata a Dios. Recuerda que la escritura dice que, como resultado de obedecer a Dios, se adquieren riquezas, no pobreza; por lo que la enseñanza que Jesús quiere darle al joven rico y a nosotros en este pasaje, no es la de quedarse sin dinero, sino el de aprender lo que constituye la verdadera riqueza. Conocemos por el contexto, que este joven tenía bastantes posesiones materiales, o sea riquezas, pero al comparar esta porción con las expresadas anteriormente, nos

55

podemos dar cuenta de que la información o entendimiento que este joven tenía de las riquezas era contraria al conocimiento que presentan los otros textos. De allí que era pobre, pues ignoraba la verdad sobre el dinero.

Sé que algunas personas bien intencionadas y sinceras piensan que, si dan lo que tienen para servir a otros, aunque ellas mismas y su familia padezcan necesidad material, estarán haciendo tesoros en el cielo y allá recibirán su recompensa. De hecho, se usan ilustraciones tales como que una persona de escasos recursos aquí en la tierra pero que ha sido dadivosa, tendrá una gran mansión en el cielo; mientras que otra que, aunque tenía más dinero aquí en la tierra, pero no fue tan dadivosa, se encontrará que tiene una casa más pequeña. De esa manera, se anima a dar con la intención de no recibir nada aquí, ya que en el cielo recibirá su recompensa. Incluso, muchos religiosos manejan el concepto de que, si se da esperando recibir aquí en la tierra, es malo, porque manifiesta una actitud interesada y no de amor o de consagración. Esa es una de las cosas que dependen del contexto, del entendimiento que se tenga de las escrituras y de la actitud que realmente haya en la persona. ¿Por qué? Porque la Biblia misma dice que el que planta, planta con la esperanza de cosechar, y en lugar de llamarle «interesado» a un propietario de hacienda que espera ver su cosecha, sería mal administrador e irresponsable si dijese: «Yo siembro, pero no tengo interés de cosechar, o no busco sacar nada a cambio». Entonces, ¿cuál es la enseñanza que Jesús quiere transmitir al joven rico? Al dejar que la Biblia interprete a la Biblia, obtendremos la respuesta, así: *(Proverbios 19.17) «El que da al pobre presta al SEÑOR, y Él le dará su recompensa».* (RVA-2015) Les aseguro que Dios paga mejores dividendos que cualquier banco o bolsa de valores, y una muestra de ello es el caso de Job, a quién Dios le duplicó todos sus bienes y aun le dio otros hijos. Entonces la invitación de Jesús no era que el joven se quedara pobre, sino para bendecirlo más, para hacerlo verdaderamente rico. Recuerda que Jesús al verlo, lo amó y quería enseñarle la actitud correcta: Que no confiara en las riquezas, sino que confiara en Él para poder

Capítulo 5 Invirtiendo en el reino

disfrutar de las riquezas. En otras palabras, tendría más dinero aquí, solo que ya no confiaría en ellas, lo cual es el engaño de las riquezas.

Si tú no estás de acuerdo con lo anteriormente expuesto, ve lo que indican los versículos 23 y 24 del capítulo 10 de San Marcos: «*Entonces Jesús, mirando alrededor, dijo a sus discípulos: —¡Cuán difícilmente entrarán en el reino de Dios los que tienen riquezas! Los discípulos se asombraron por sus palabras...*» *(RVA-2015)* ¿Te has preguntado alguna vez por qué se asombraron los discípulos? La respuesta es muy sencilla: Los discípulos, como buenos judíos, sabían que, a lo largo del Antiguo Testamento, Dios había dicho que la riqueza es una bendición, que el que obedece Su Palabra se enriquece. Entonces al oír la afirmación de Jesús, se asustaron, ya que ellos también querían ser ricos. Si ellos no hubiesen querido ser ricos en esta tierra, no se hubieran asustado. Al contrario, se hubiesen alegrado diciendo: «Qué bueno que no me va a ser difícil entrar al Reino». No obstante, para evitar malentendidos, Jesús lo aclaró: «*...pero Jesús, respondiendo de nuevo, les dijo: Hijitos, cuán difícil es entrar en el reino de Dios para los que confían en las riquezas*». *(RVA-2015)*

«Hacer tesoros en el cielo no es hacerse pobre, sino conocer la razón de adquirir las riquezas y saber cómo y en qué invertirlas»

Al establecer los elementos hasta aquí considerados en su perspectiva correcta, podemos darnos cuenta de que invertir en el Reino es sencillamente entender que el dinero es un instrumento para cumplir la voluntad de Dios en todos los aspectos de la vida y usarlo consecuentemente. El hacer tesoros en el cielo no significa hacerse pobre, sino conocer la razón de adquirir las riquezas y saber cómo y en qué invertirlas.

Entonces, ¿para qué?

Al ser una realidad que Dios es el dueño de todo y nosotros sus administradores, tenemos que entender que Él proveerá lo que necesitemos para llevar a cabo todo lo que nos ordene hacer. Por otro lado, mantengamos en mente que, como la meta final de Dios es que maduremos para recibir el derecho de ser coherederos y condueños con Él, *si no aprendemos a pedir para lo que nos ordena, Él no nos lo da automáticamente.* Sé que hay una mentalidad inclinada a decir que si lo que pedimos es malo para nosotros, Dios no nos lo da, porque nos ama; y que, si necesitamos algo, Dios nos lo dará, aunque no lo pidamos, ya que Él conoce nuestros corazones y necesidades mejor que nosotros mismos.

Esa posición, aunque suene muy noble y dependiente de Dios, ignora el propósito claramente establecido, que Él quiere que lleguemos a la madurez; que aprendamos a ser buenos administradores de su multiforme gracia y de su propiedad. Tenemos que darnos cuenta de que, si bien es cierto que hay un tiempo en que Dios nos trata como niños inmaduros, es por eso que nos suple, aunque no estemos conscientes de nuestra necesidad. Tampoco nos da lo que no nos conviene, de la misma forma que nosotros actuamos con nuestros hijos pequeños. **Pero Dios no está de acuerdo en perpetuar esa condición inmadura en nosotros, porque contradice su diseño de que señoreemos con Él sobre su creación.**

Tenemos ejemplos de que, si se pide algo, aunque sea para nuestro mal, si insistimos en pedirlo, Dios nos lo da, como el caso del pueblo hebreo en el desierto donde pidieron carne y les costó la vida. Por otro lado, si le pedimos y Él nos lo da, pero lo invertimos mal o lo usamos para otras cosas que las ordenadas por Él, también nos deja que suframos pérdidas, que fracasemos, etc., para que aprendamos responsabilidad y diligencia. Ejemplo de esto es la conocida parábola del hijo pródigo, la cual nos ilustra que el padre sí nos da la herencia y nos deja usarla mal, aunque la perdamos.

Capítulo 5 Invirtiendo en el reino

Dios quiere que lleguemos a ser condueños con Él, y para ello, nos pone a la disposición toda Su propiedad para que como mayordomos aprendamos a administrarla, por lo que a la vez permite que tengamos la oportunidad de fallar. Además, se nos enseña que, según el esfuerzo y entrega personal, así será la recompensa. La parábola de las minas es un buen ejemplo de lo indicado anteriormente. Implica tener la oportunidad de iniciar alguna empresa en la que nosotros seremos los responsables directos del resultado, sin importar si las condiciones para las negociaciones sean adversas. Quienes quieren protegernos del fracaso, eventualmente producen nuestra dependencia de ellos y eso no debe ser así. **Nuestra dependencia siempre debe ser de Dios. Los padres que no permiten que sus hijos fallen, los hacen inútiles.** El subsidio gubernamental es la forma en la que el Estado esclaviza a los ciudadanos y los hace dependientes de él.

«Dios paga por lo que ordena: Él provee los recursos para obedecerle»

Si Dios señala que es nuestra responsabilidad la educación, el bienestar social de la familia, dejar herencia a nuestros hijos, etc., es porque Él proveerá los recursos para obedecerle, porque Él paga por lo que ordena. La Biblia dice que Dios nos da el poder para hacer las riquezas, a fin de que cumplamos todo lo que implica su pacto, pero de acuerdo a sus principios. De tal manera que querer tener riquezas para el uso correcto, pero adquirirlas por métodos equivocados, no funciona. *De allí que podemos concluir que hacer tesoros en el cielo, es usar el dinero conforme a la clara dirección de Dios en la Biblia.* Al hacerlo así, estamos asegurándonos que vestimos el dinero con algo eterno, con algo que ni los ladrones, ni el sistema humanista puede robar o desvalorar, pero definitivamente estamos hablando de tener y usar dinero aquí en la tierra.

Noten cómo este entendimiento les da otra connotación a

59

algunos textos bastante mencionados pero que, por lo general, se hace con otra interpretación en mente. Por ejemplo, ¿A qué se refiere Pablo al decir: «*Así que, teniendo sustento y abrigo, estemos contentos con esto*»? *(1 Timoteo 6.8 RVR1960)*

Tradicionalmente, se le da la interpretación de que hay que conformarse o estar satisfecho con tener dónde vivir, cómo comer y vestirse. Pero para tener un entendimiento que esté en armonía con el mensaje general de la Biblia, veamos el contexto: «*Que todos los que están bajo el yugo de la esclavitud tengan a sus propios amos como dignos de toda honra para que no sea desacreditado el nombre de Dios, ni la doctrina. Los que tienen amos creyentes, no los tengan en menos por ser hermanos. Al contrario, sírvanles mejor por cuanto son creyentes y amados los que se benefician de su buen servicio. Esto enseña y exhorta*». *(1 Timoteo 6.1–2 RVA-2015)* Notemos que le está hablando a esclavos. Ahora considera: ¿Crees que Pablo estaría de acuerdo con que un hermano tuviera por esclavo a otro y que ambos se congregaran en la misma Iglesia? ¿Cómo encaja esto con Santiago que los reprende por dar el mejor lugar al rico y menospreciar al pobre? ¿O qué del caso de Nehemías 5.5–13? «*…Ahora bien, nuestra carne es como la carne de nuestros hermanos, nuestros hijos como sus hijos y he aquí que nosotros dimos nuestros hijos y nuestras hijas a servidumbre y algunas de nuestras hijas lo están ya, y no tenemos posibilidad de rescatarlas …entonces lo medité y reprendí a los nobles y a los oficiales … nosotros, según nuestras posibilidades, rescatamos a nuestros hermanos judíos que habían sido vendidos a las naciones ¿y vosotros vendéis aún a vuestros hermanos y serán vendidos a nosotros? … No es bueno lo que hacéis … entonces, convoqué a los sacerdotes y les hice jurar que harían conforme a esto. Además, sacudí mi vestido y dije: Así sacuda Dios de su casa y de su trabajo a todo hombre que no cumpliere esto, y así sea sacudido y vacío. Y respondió toda la congregación: ¡Amén! y alabaron a Jehová. Y el pueblo hizo conforme a esto*». *(RVR1960)*

Considera también *(Levítico 25.39–43)*: «*Si tu hermano se*

Capítulo 5 Invirtiendo en el reino

empobrece estando contigo y se vende a ti, tú no lo harás servir como esclavo. Como jornalero o como forastero estará contigo y te servirá hasta el año del jubileo. Entonces saldrá libre de tu casa, él y sus hijos con él y volverá a su familia y a la propiedad de sus padres; porque ellos son mis siervos, a quienes yo saqué de la tierra de Egipto. No serán vendidos como esclavos. No te enseñorearás de él con dureza, sino que temerás a tu Dios». (RVA-2015) Descartando, pues, que se pueda estar hablando de esclavitud como naturalmente se entiende, vemos que en el contexto histórico y en el significado de la palabra, debemos entender que se refiere a una esclavitud voluntaria para adquirir dinero o pagar una responsabilidad adquirida.

Con las aclaraciones anteriores, podemos decir que lo que Pablo llama esclavitud es algo semejante a lo que hoy en día se llama un empleo, pues es un servicio voluntario para adquirir un dinero o cumplir una responsabilidad adquirida. La exhortación es entonces a ser buenos empleados. Nota como eso cambia tremendamente la perspectiva conforme seguimos leyendo: *(1 Timoteo 6.3–5): «Si alguien enseña algo diferente y no se conforma a las sanas palabras de nuestro Señor Jesucristo y a la doctrina que es conforme a la piedad, se ha llenado de orgullo y no sabe nada. Más bien, delira acerca de controversias y contiendas de palabras, de las cuales vienen envidia, discordia, calumnias, sospechas perversas y necias rencillas entre hombres de mente corrompida y privados de la verdad, que tienen la piedad como fuente de ganancia».* (RVA-2015)

Esta advertencia nos aclara que desde esos días ya había personas que pensaban que por ser «hermanos» ya no tenían que cumplir con todas las responsabilidades y obligaciones del trabajo, sino que se debía tener un trato preferencial y consideraciones. Ellos estaban tomando la piedad como fuente de ganancia, no de responsabilidad. *«Sin embargo, grande ganancia es la piedad con contentamiento. Porque nada trajimos a este mundo y es evidente que nada podremos sacar». (1 Timoteo 6.6–7 RVA-2015)* Estos versículos son los que sirven de base a la declaración de estar contentos con sustento y abrigo. Notemos que, al estar contentos y agradecidos por el trabajo, la piedad, que es una conducta de vida pía, responsable, recta y cristiana, se convierte en gran ganancia, porque nos permite entender la razón por la cual estamos aquí, y no es para acumular riquezas.

Ahora bien, recordemos que la actitud, siendo tan fundamental e importante como es, no lo es todo ni justifica la falta de responsabilidad. ¿Qué quiero decir con eso? Que si yo desarrollo esa actitud de contentamiento en mi vida personal y mi hijita viene a mi diciéndome que necesita zapatos y yo le digo algo como: «Hija, aprende a estar contenta con los que tienes», eso no es correcto, porque es mi responsabilidad suplir las necesidades de mi hija. Yo puedo practicar estar contento en los asuntos en los que sea yo quien experimenta la dificultad financiera o la limitación de lo que podría considerar mis derechos. Pero cuando es alguien más, especialmente si está bajo mi autoridad como mi esposa o hijos, quien sufre la necesidad, es mi responsabilidad suplir sus necesidades. No hacerlo amparado bajo la declaración que deben estar contentos cualquiera que sea su situación, en lugar de ser algo espiritual y maduro, es irresponsabilidad, mala mayordomía e ignorancia. El aprender a estar contento con cualquiera que sea la condición en que se encuentre, es una decisión o paso individual que no puede ser impuesto por otro.

¿Contento o satisfecho?

Un aspecto importante es diferenciar entre estar contento y estar satisfecho. Hay quienes mal interpretan ese texto al suponer que se nos exhorta a estar satisfechos con sustento y abrigo, pero no es así. En lo personal he practicado por años a estar no solo contento, sino que agradecido con Dios, cualquiera que sea mi situación. Pero al mismo tiempo, he dicho que no estoy satisfecho, ni lo estaré, aunque mejore mi condición al cien por ciento, porque la Biblia no me exhorta a estar en esta tierra satisfecho bajo ninguna condición. Por los conceptos religiosos tradicionales que se han implantado en

Capítulo 5 Invirtiendo en el reino

nuestro subconsciente, esta afirmación suena como avaricia, ya que no se puede concebir que una persona llegue a una posición mejor que la gran mayoría de la población y que diga que no está satisfecha. Lo primero que pasa por la mente de los cristianos son conceptos tales como:

1. Que nadie puede servir a Dios y a las riquezas.

2. Que él que no es fiel en lo poco, tampoco lo será en la abundancia.

3. Que la raíz de todos los males es el amor al dinero, etc.

No se condena el no estar satisfecho con lo que se tiene y aspirar a más. *Lo que se condena es la actitud de depender de las riquezas o suponer que éstas pueden suplir las cosas que solo Dios puede dar*, tales como la paz, el gozo y la seguridad; actitud que tienen aun muchos que no poseen el dinero.

Estar satisfechos con lo poco que tenemos sería semejante a que un corredor en una carrera de 100 kilómetros corriese bastante bien por 60 kilómetros y dejara atrás a todos sus competidores por una buena distancia para luego pararse y decir: «Me siento satisfecho con la distancia que les saqué, así que creo que ya puedo dejar de correr». Un corredor, por mucha ventaja que saque al grupo, no puede dejar de correr sino hasta que termina la carrera y cruza la meta final, porque de lo contrario, todavía puede perder la carrera.

Es así en la vida: Quien se sienta satisfecho con lo que sabe, lo que tiene, lo que puede, lo que ha hecho, sin importar cuán grande y especial sea, es cuestión de tiempo para que ya no sea suficiente ni adecuado. Basta con que mires las enciclopedias de unos diez años atrás para que te des cuenta de lo que digo: Quien no se mantiene creciendo en conocimiento y capacidad, está disminuyendo en ambos. Aunque se tenga todo el dinero que se quiera, mientras no se entiendan estas verdades acerca de la naturaleza y la razón de ser del dinero, no se puede estar

63

satisfecho, y eso también es bíblico: «*El que ama el dinero no quedará satisfecho con dinero, y el que ama las riquezas no tendrá beneficio. También esto es vanidad*». *(Eclesiastés 5.10 RVA-2015)*

Sin embargo, ¿dice la Biblia cuándo estar conformes o satisfechos? Sí, el salmista dijo: «*Quedaré satisfecho cuando despierte a tu semejanza*». *(Salmos 17.15 RVA-2015)* Cuando llegue a la plenitud de la estatura de la medida de Cristo, entonces estaré satisfecho, pues seré coheredero con Él de toda la creación. ¿Te das cuenta cómo sí es bíblicamente correcto el no estar satisfecho con cualquiera que sea nuestra condición? ¿Por qué dejar de correr la carrera, sin valorar la meta y menospreciar el estándar o modelo que Dios mismo ha trazado para nosotros? El empleo que ya vimos es lo mismo a lo que Pablo compara con la esclavitud; no es el diseño de Dios para la prosperidad. Permíteme citar a Paul Zane Pilzer:

«*Se miraba tan sencillo en el pasado. La receta para el éxito consistía en ir a la escuela, escoger una buena ocupación o una buena compañía y trabajar en esa rama o para esa compañía por el resto de tu vida. Mirando hacia atrás, solo en los últimos diez años, parece que esta antigua receta para el éxito se ha convertido en una receta para el desastre.*

Ejemplos:

a) *La billonaria industria de casi cien años, fabricante de discos, que en 1985 tenía aproximadamente cien mil (100,000) personas trabajando para ella, fue totalmente desplazada en cinco años (1986–1990), por los discos compactos (CD).*

b) *De los aproximadamente trescientos mil empleados que en 1979 diseñaban, fabricaban y reparaban los carburadores, casi todos, también corrieron la misma suerte en 1980 con la innovación del inyector eléctrico.*

Casos como esos causaron el despido y/o retiro de veinte millones de trabajadores en los años ochenta y esos retiros palidecen en comparación a la remoción de personas en niveles gerenciales que se ha empezado a dar en los noventa». (Pilzer 1995, pág. 110)

Ahora bien, aquellos que malinterpretan las escrituras, utilizan citas bíblicas para justificar su pobreza y/o decir que la petición de uno no debe ser riquezas. Una de ellas es: Proverbios 30.8–9, donde Agur pide: «...*No me des pobreza ni riquezas; mantenme del pan necesario*» y luego aclara por qué hace esa petición: «...*no sea que me sacie, y te niegue, y diga: ¿Quién es Jehová? o que, siendo pobre, hurte y blasfeme el nombre de mi Dios*». *(RVR1960)* El hecho de que algo se encuentre en la Biblia, al ser ésta la Palabra de Dios y, por lo tanto, la verdad lo que en ella se encuentra, no significa que todo lo que se dice sea algo digno de imitarse. Hay verdades que precisamente se han escrito para evitar que las imitemos, como claramente lo dice San Pablo en su carta a los Corintios: «*Más estas cosas sucedieron como ejemplos para nosotros, para que no codiciemos cosas malas, como ellos codiciaron*». *(1 Corintios 10.6)* «*Y estas cosas les acontecieron como ejemplo, y están escritas para amonestarnos a nosotros...*». *(1 Corintios 10.11 RVR1960)*

Con estos pasajes en mente, analicemos lo que Agur está diciendo y comparémoslo con la enseñanza clara de las Escrituras para ver si tiene armonía con ellas. Sin embargo, Agur no está señalando las riquezas como malas, sino que teme por su propia actitud, por lo que él pueda hacer al tener riquezas; es decir que su motivación es la de no caer en el engaño de las riquezas. Por otro lado, tampoco quiere la pobreza, sino únicamente el pan necesario, ya que tiene temor de fallarle a Dios hurtando o blasfemando. Considerar el texto aisladamente, como de hecho les pasa a muchos cristianos, les hace pensar que lo santo y correcto es no aspirar a las riquezas, sino poder sobrevivir con lo indispensable y darse por dichoso con eso.

¿Puedes darte cuenta de que en ambos casos aquí, estás evadiendo tu responsabilidad personal y culpando a las circunstancias, que en última instancia es lo mismo que culpar a Dios por tu actitud y respuesta ante los resultados? Hay suficiente evidencia de personajes ricos que glorificaron a Dios con su vida y comportamiento reconociendo que lo que tenían provenía de la mano de Dios y siendo agradecidos. También hay testimonio de personas que en medio de la escasez decían como Job: «*Jehová dio y Jehová quitó: ¡Bendito sea el nombre de Jehová!*». *(Job 1.21 RVR1995)* Además, la exhortación de Pablo es la de aprender a estar contento con cualquiera que sea nuestra situación y aprender a vivir en abundancia y en escasez. Ante esa luz, ¿es válido el argumento de Agur, o más bien demuestra una mentalidad humanista en la que Dios y la sociedad son los culpables del estado de las personas?

Considera también declaraciones tan contundentes como las de Pablo en 1 Timoteo 6.17: «*A los ricos de este siglo manda que no sean altivos, ni pongan la esperanza en las riquezas, las cuales son inciertas, sino en el Dios vivo, que nos da todas las cosas en abundancia para que las disfrutemos*». *(RVR1960)* Pablo no está diciendo que las riquezas son problema, ni está exhortando a los ricos a deshacerse de ellas, sino que el problema es esperar de ellas lo que solo puede venir de Dios, como es la felicidad, la paz, la seguridad, etc. Las riquezas son el instrumento que Dios usa para darnos todo en abundancia, pero Dios es la fuente de ellas. Cuando se colocan las riquezas como fuente de paz, seguridad y felicidad, eso es pecado.

Por lo antes expuesto, la petición de Agur no está puesta para que la imitemos sino para que, al igual que la exhortación de Pablo a los Corintios, aprendamos de ella a no cometer el mismo pecado de evadir la responsabilidad personal por la actitud que tomamos ante las circunstancias de la vida. En el contexto de la Biblia, el pan nuestro de cada día no se refiere, literalmente, a pan ni a lo necesario para subsistir. Veamos un incidente bíblico para ilustrar lo que digo. Génesis 47.22 dice que cuando hubo hambre en Egipto, todos vendían lo que

Capítulo 5 Invirtiendo en el reino

tenían para comprar comida, y fue así cómo José compró toda la tierra de Egipto para Faraón. Sin embargo, los sacerdotes no tuvieron que prescindir de nada, y la razón que se da para ello es que Faraón les daba lo que era necesario para ellos.

Ahora, ¿cómo se define lo que es necesario para alguien? Por la función que desarrolla o por el propósito, meta o responsabilidad que tiene que cumplir. Si hay dos familias con la misma cantidad de hijos y de las mismas edades, probablemente van a requerir la misma cantidad de insumos (telas, comida, etc.). Si ambos padres de familia hiciesen la petición que se nos enseña en la oración modelo: «...*el pan nuestro de cada día, dánoslo hoy*» y a ambos se les concediera la petición, suponemos que recibirían más o menos lo mismo. *(Mateo 6.11 RVR1960)* No obstante, si una es la familia del presidente de un país y la otra la de un ciudadano promedio, lo necesario para ambos va a ser diferente. No porque uno sea mejor que el otro, ni más digno, ni más inteligente, sino que por la posición o función que desempeñan, una familia requerirá más insumos que la otra.

«Dios espera que seamos inversionistas y de ello nos pedirá cuentas»

En el plan original de Dios, se nos llama a señorear sobre la creación, y en las palabras del apóstol Pablo, somos Embajadores de Cristo, o sea representantes de su Reino. Entonces, cuando la Palabra de Dios nos exhorta a pedir «el pan nuestro o el pan necesario», ¿se recuerda cuál es ese contexto? Primero se establece la relación bajo la cual vamos a hacer las peticiones siguientes, de un hijo a su padre. Después de declarar la santidad de Dios se pasa a pedir «venga Tu Reino», y es bajo ese contexto en que requerimos lo necesario para participar en la manifestación y establecimiento de Su Reino como embajadores que somos. *En consecuencia, el pan nuestro no es lo que necesitamos para subsistir, sino lo que sea necesario para cumplir nuestra función.*

67

En conclusión, si invertir en el Reino es vestir el dinero con cielo, y hacerse tesoros en el cielo significa manejar el dinero bajo los principios de finanzas bíblicas, entonces debemos cambiar nuestra forma de pensar y de valorar el método por medio del cual se hace la conexión entre nuestra vida física y el dinero, es decir, el trabajo.

PARA MEDITAR

1. A tu juicio, ¿son compatibles los conceptos de estar conforme y el de fructificar y multiplicar?

2. ¿Podemos excusarnos de que no poseemos para invertir, siendo que la Biblia dice que Dios da semilla al que siembra?

Capítulo 6
El concepto bíblico del trabajo

Conviene repetir que cuando hablamos de libertad financiera, no estamos insinuando que se deje de trabajar como algunos lo interpretan, ni estamos avalando las riquezas fáciles o rápidas, pues las escrituras son bien claras al respecto. Sin embargo, sí es necesario retar el conformismo en el que la mayoría de las personas caen cuando tienen un empleo y reciben un salario. Esto es natural, ya que actualmente se hace difícil conseguir un empleo; entonces viene el conformismo y dan gracias a Dios por el trabajo que tengan, aunque apenas alcance para subsistir. En ese sentido, hay que tener cuidado con las mentiras o imitaciones del enemigo, que llevan parte de verdad, porque, si bien es cierto que hay que dar gracias por todo y que se debe trabajar como para el Señor, hay muchos cristianos que dejan de aspirar a algo mejor y se quedan satisfechos con lo que tienen. En lugar de mejorar sus ingresos, reducen su nivel de vida para mantenerse dentro de su capacidad de generar recursos financieros, y peor aún, acuden al endeudamiento.

«El trabajo es un llamado santo para siempre»

Esa actitud es derivada del mal entendido de lo que significa estar contentos con sustento y abrigo. Así como señalé anteriormente que no se debe estar satisfecho cualquiera que sea la condición en la que nos encontremos, de la misma forma, no se debe estar satisfecho con ningún empleo por muy bueno que sea. Notemos la diferencia entre el concepto bíblico de trabajo y el tener un empleo. En el capítulo No. 4 del libro de Dennis se indica que: «El Trabajo es un llamado santo para siempre». (Peacocke 1995, pág. 54) Detente a meditar la implicación de las palabras «santo» y «para siempre», y considera cómo te suenan en relación a la actitud y concepto que se manejan en cuanto a trabajar hoy en día. ¿Crees que la mayoría de las personas que proclaman creer que la Biblia es la Palabra de Dios, tengan una actitud para sus respectivos trabajos de que se trata de algo «santo»? Por otro lado, ¿crees que anticipan trabajar «para siempre»?

«Desde la perspectiva de Dios, el trabajo no es el medio de subsistir, sino de prosperar»

Lo más seguro es que la respuesta a ambas preguntas sea negativa, y recuerda que el hombre de doble ánimo, o sea el que tiene su mente dividida en cuanto a un asunto, es inconstante en todos sus caminos. Si una persona cree que el trabajo es «santo», pero al mismo tiempo considera que es una forma en la que la explotan o se aprovechan de ella, sus sentimientos, pensamientos y actitud estarán divididos. De igual manera ocurre al considerar el aspecto de que el trabajo es «para siempre», ya que en uno está el deseo de algún día ya no tener responsabilidades de educar hijos, pagar la renta, etc., y como resultado: dejar de trabajar. ¿Qué se puede hacer para lidiar con esas aparentes dualidades? La respuesta continúa siendo la misma: Renovar el entendimiento y conocer la verdad de lo que la Biblia dice en cuanto al trabajo. El trabajo, desde la perspectiva de *Dios*, no es el medio de subsistir, sino de prosperar. Esa declaración es casi seguro que hará surgir en ti la siguiente pregunta: ¿Cómo vas a prosperar con un salario que apenas te alcanza para sobrevivir o con los continuos incrementos al precio de las cosas?

«La primera forma que Dios elige para revelarse a nosotros es la de un Dios que trabaja...»

Para entender estos conceptos de trabajo y empleo, debemos abandonar el molde o corriente de pensamiento que se ha creído y predicado en las iglesias, que desafortunadamente no es el correcto. Si seguimos pensando con el mismo sentido de valores actuales, llegaremos a la conclusión equivocada, ya que tú estarás considerando a la pobreza como humildad y a la riqueza como mundana. Hay una forma equivocada de pensar en el subconsciente de que el trabajo es resultado de la rebeldía de Adán—o sea un castigo—o una parte de la maldición, pues se le dijo que por su pecado comería su pan con el sudor de su frente. Esto viene ligado al mal uso de la palabra trabajo. Veamos un ejemplo: Cuando el nacimiento de un niño ha sido complicado, los médicos dicen, «Hubo mucho trabajo en su parto».

Incluso, hay pasajes en la Biblia que, si no se interpretan correctamente, pueden dar lugar a conclusiones equivocadas del trabajo y hasta llegar a pensar que el trabajo efectivamente es un castigo o esclavitud. Por ejemplo, Génesis 5.29 y Éxodo 5.4. Si estos pasajes son mal interpretados, como normalmente pasa, ¿cómo se puede esperar que alguien piense que el trabajo es una bendición, y que es santo y para siempre? La astucia del diablo es la de tomar las cosas que Dios ha diseñado para bendecirnos y él les da una connotación negativa, para que cuando nosotros tengamos que enfrentarlas, lo hagamos en la actitud de estar lidiando con algo malo. Eso ha pasado con la música, las artes, la tecnología, el sexo y desde luego, las riquezas. De allí que, para poder ser libres del engaño, necesitamos ir a la fuente original, a la verdad de Dios antes que fuese distorsionada por el engaño del enemigo.

La historia

Remontémonos al origen del trabajo; eso eliminará las dudas que se puedan tener al respecto. Esto lo veremos en el libro de Génesis, pero no después de la rebeldía del hombre, ni como castigo consecuente. La primera forma que Dios escoge para revelarse a nosotros, es la de un Dios que trabaja. Veamos Génesis 1.1–2: «*En el principio, creó Dios los cielos y la tierra. Y la tierra estaba desordenada y vacía, y las tinieblas estaban sobre la faz del abismo, y el Espíritu de Dios se movía sobre la faz de las aguas*». *(RVR1960)* Por lo general, al leer esta porción, nuestra atención se enfoca en el Dios creador, pues nos es más fácil concebirlo como alguien tan superior, tan lejos de nosotros y definitivamente ajeno a lo que a nuestra vida cotidiana compete. De allí que se nos pasa por alto que la creación que ese primer capítulo describe es en sí un trabajo. Sin embargo, cuando pasamos al inicio del siguiente capítulo, se nos confronta con esta realidad. «*Fueron, pues, acabados los cielos y la tierra, y todo el ejército de ellos. Y acabó Dios en el día séptimo la obra que hizo; y reposó el día séptimo de toda la obra que hizo*». *(Génesis 2.1–2 RVR1960)*

La Biblia misma nos dice que lo que Dios hizo fue una obra, o sea un trabajo, y consecuentemente, nos habla de reposar. Sé que se puede argumentar que Dios no trabajó literalmente y que no se cansa, que no necesita reposar y varias otras cosas más. Pero recordemos que lo escrito está precisamente para darnos ejemplo y enseñarnos cómo debemos manejar nuestra vida si queremos tener salud, éxito y prosperidad. Es por eso

Capítulo 6 El concepto bíblico del trabajo

que, más adelante, cuando Dios le da al hombre las leyes por las cuales debe regirse, le ordena descansar un día a la semana. Manteniendo el contexto del trabajo, vemos que Dios demanda que un día se deje de trabajar para manifestar en una forma práctica que el éxito de nuestra empresa o labor, aunque somos responsables y diligentes en lo que hacemos, no depende de nosotros sino de Dios. Permíteme ampliar esa declaración para tratar de evitar malentendidos, ya que no estoy implicando o insinuando que nuestro éxito o fracaso dependa 100% de Dios, sin importar lo que nosotros hagamos. Si no hacemos nuestra parte responsable y eficazmente, no podemos decir que Dios no quiere que prosperemos.

Hay muchas personas que piensan que no pueden dejar su negocio, profesión o servicio ni siquiera un día porque perderían clientela y oportunidades. Esta clase de personas declaran con sus hechos que ellos son imprescindibles para el éxito. Pueden considerarse sumamente responsables y dedicadas, o quizá tan sacrificadas con tal que el negocio salga adelante. Pero la realidad es que ignoran la razón de ser del trabajo, ya que anteponen sus propias opiniones y entendimiento por encima de la verdad revelada de Dios y se constituyen como sus propios dioses y señores. El dejar de trabajar un día a la semana es la forma práctica de decir a Dios: «Señor, sé que, aunque yo trabaje tan arduamente como sea y tenga el entrenamiento y capacidad que tenga, si tú no añades tu bendición, nada puedo. También sé que, aunque parezca ilógico dejar de operar un día, aunque parezca que voy a perder clientela, la verdad es que el único imprescindible eres Tú. Y yo dependo de ti, y ese día que dejo de laborar es para decírtelo con hechos». Descansar del trabajo un día a la semana es semejante al diezmar. Sabemos que el cien por ciento es de Dios, pero Él nos pide únicamente el primer diez por ciento como una declaración que reconocemos esa realidad y que dependemos y le tememos a Él. Sería ridículo tratar de dar cualquier otra interpretación al pago de los diezmos, pues Dios no necesita del dinero. De igual manera, no necesita reposar porque no se cansa; *de allí que el día de reposo fue establecido para*

73

dejarnos la forma de expresar nuestra sumisión a su voluntad y nuestra dependencia de Él.

Por otro lado, el que Dios se nos presente desde un principio como un Dios que trabaja, nos da la oportunidad de confrontar nuestro concepto del trabajo con esa connotación negativa a la que aludí anteriormente, y la realidad de que el trabajo no fue diseñado para ser algo gravoso, pesado y de lo que no se disfrutara. Imagínate lo que implicarían las palabras de Jesús en el concepto actual del trabajo, cuando dijo en Juan 5.17 «… *Mi Padre hasta ahora trabaja, y yo trabajo». (RVR1960)* ¿Qué, todavía no se pueden jubilar? ¡Ridículo! Consecuentemente, **tenemos que aceptar que el concepto que tenemos del trabajo no es el mismo que él de Dios,** y que **definitivamente necesitamos renovar nuestro entendimiento** para, no solo disfrutar del trabajo, sino sacar su verdadero provecho al entender la razón por la cual Dios lo estableció.

¿Entonces?

Por lo tanto, es sumamente importante considerar con relación al trabajo, el hecho de que cuando Dios creó al hombre, le dio la comisión de trabajar antes de que se rebelara, cuando había comunión con Dios y todo estaba en orden. Si prestamos atención a esos elementos, tenemos que llegar a la conclusión de que **el trabajo, en su inicio y, por consiguiente, en su razón de ser, no fue establecido para los propósitos o por las razones por las que se trabaja hoy en día. Cuando se ordenó a Adán que trabajara en el jardín, no fue para pagar la renta, para poder enviar a los hijos a estudiar, para comprar la comida y la ropa, ni ninguna de las cosas que en la actualidad son la razón principal del trabajo.** Entonces, ¿cuál sería la necesidad de trabajar? ¿Qué ganaba Adán con trabajar?

«Una cosa es segura: Estaremos trabajando juntamente con Él, porque el trabajo común y el edificar cosas juntos es el corazón de compartir la vida verdadera y el pacto bíblico». Permíteme transcribir un párrafo del libro de Dennis:

Capítulo 6 El concepto bíblico del trabajo

«La comunión de Dios con el hombre empezó en el jardín, mientras Él discutía el trabajo de Adán en la frescura del día; éste pudo extenderse hasta el cuidado de galaxias distantes en el futuro, por lo que sabemos. Una cosa es segura: Estaremos trabajando juntamente con Él, porque el trabajo común y el edificar cosas juntos es el corazón de compartir la vida verdadera y el pacto bíblico. Cuando Jesús nos invitó por primera vez a tener comunión con Él, era a través de trabajar con Él, no a través de sentarnos y conversar. Escuche cuidadosamente lo que Él tiene que decir: *"Vengan a Mí todos los que están cansados y cargados y Yo los haré descansar. Tomen Mi yugo sobre ustedes y aprendan de Mí, que soy manso y humilde de corazón, y hallarán descanso para sus almas. Porque Mi yugo es fácil y Mi carga ligera." (Mateo 11.28–30 NBLH)*. Por favor, toma nota de la recomendación de meter la cabeza en "su yugo", porque es allí donde tú particularmente "aprendes de Él". Es en el yugo del negocio de Dios dónde aprendemos a ver Sus metas, aprendemos Sus formas de operación, discernimos la realidad, sudamos nuestros pecados e impurezas, reclutamos a otros y tenemos comunión con Él en nuestras victorias y en nuestras derrotas. ¡La silla mecedora que está justo a la puerta norte del Cielo podrá hacer brotar las lágrimas y cantos emotivos, pero es la asignación del trabajo en el Reino de Dios lo que hace buenos discípulos! A Dios le encanta el trabajo, y en el capítulo cuatro, veremos más de por qué esto es así.» (Peacocke 1995, págs. 23, 24)

Por el contexto bíblico y por la luz que Dennis presenta sobre el tema, podemos concluir que **hemos estado llamando trabajo a algo que Dios no llama trabajo y, por lo tanto, hemos querido encontrar en esa imitación o distorsión del trabajo, el fruto y la bendición que se encuentra en el diseño original.** Conocido el verdadero contexto del trabajo, nos damos cuenta de que el enemigo le ha cambiado el significado a muchas palabras y conceptos, logrando que enfoquemos así nuestra atención y esfuerzo en cosas, actividades y relaciones que no nos conducen a ningún éxito, sino que nos mantienen ocupados con mucha actividad y nada de productividad. Claro que tiene que haber algún beneficio aparente para que sigamos en ello, pero es temporal, circunstancial e irrelevante en relación al diseño, plan y comisión original de Dios.

Consideremos otros textos relacionados al trabajo, con la intención de desafiar esa mentalidad errónea y limitada en cuanto a la razón de ser del trabajo. Proverbios 22.29 nos plantea una pregunta cuya respuesta expresa lo que debe ser el resultado consistente del trabajo desde la perspectiva bíblica. «¿*Has visto hombre solícito en su trabajo? Delante de los reyes estará; no estará delante de los de baja condición*». *(RVR1960)* ¿Podemos suponer entonces que aquél que es buen empleado será promovido y recibirá un aumento de sueldo? En parte puede ser verdad, pero esa apreciación mantiene la mentalidad de empleado, que a lo más que aspira es a que le paguen mejor por su servicio. Considera la realidad que nos rodea: ¿Conoces a personas que son de las que se levantan temprano, trabajan duro todo el día y a pesar de eso siguen limitados financieramente? ¿Podemos suponer que sea otra la aplicación? ¿Por qué no considerar la vida de José? Él fue diligente como esclavo en casa de Potifar y luego en la cárcel, terminando «delante» del rey o Faraón. Lo mismo se puede decir de Daniel y sus tres amigos: «*Daniel solicitó del rey, y obtuvo que pusiera sobre los negocios de la provincia de Babilonia a Sadrac, Mesac y Abed-nego; y Daniel estaba en la corte del rey*». *(Daniel 2.49 RVR1960)*

El punto que quiero aclarar aquí es que no se está hablando de ser diligente en el área específica del trabajo que se desarrolla como un fin en sí, aunque la persona diligente o solícita seguramente lo hará, sino que se está hablando de considerar cualquiera que sea nuestra función, como un instrumento en el desarrollo del trabajo de Dios. El concepto de especializarnos en alguna rama, profesión o servicio para ser más efectivos, podría considerarse como parte de aceptar nuestra individualidad. Pero al aplicarlo a la realidad en nuestros días, vemos que la motivación predominante es la de ser más competitivos en un empleo y ganar dinero para suplir las necesidades básicas,

Capítulo 6 El concepto bíblico del trabajo

disfrutar alguna comodidad y si es posible, jubilarse para vivir de sus rentas sin tener que trabajar más. En otras palabras, el trabajo tiene una connotación de ser un mal necesario hasta que podamos librarnos de él.

Sin embargo, si te das cuenta de la narración bíblica, el trabajo no es el medio de sobrevivir, sino que es el método que Dios usa para desarrollar su naturaleza en nosotros. Es una especie de escuela de entrenamiento para aprender a gobernar con Dios sobre toda su creación. Lo que dijimos anteriormente en cuanto a la naturaleza de las riquezas, se aplica a la naturaleza o razón de ser del trabajo. Realmente no importa lo que se haga, la profesión que se tenga o el servicio que se preste, lo que cuenta es la actitud y entendimiento con el que se hace.

Servicio y actitud

Considera seriamente este concepto: *El servicio es el fundamento de todo crecimiento duradero.*

En el aspecto de la actitud, Dennis dice que, en el sistema de Dios, el llamado es a ser siervos. El servicio o producto que brindemos como parte de nuestro trabajo debe llevar como elemento principal y meta final el servir a otros, no el ganar dinero.

«El producto que brindemos como parte de nuestro trabajo debe llevar como elemento principal y meta final el servir a otros, no el ganar dinero»

Sé que esa declaración suena difícil de aceptar bajo la presente condición y mentalidad en la que el trabajo se ve precisamente como la fuente o medio de adquirir recursos, pero recordemos que, en el diseño original de Dios, el trabajo era parte del

77

equipamiento para llegar a ser condueños con Dios, no para sobrevivir. La meta no es tener empleados o trabajo, sino ayudar a otros a llegar a ser propietarios y coherederos con Cristo; de allí que el trabajo, los productos y el servicio, son las herramientas para lograrlo. En cualquier empresa que prospera, habrá el entendimiento que más importante que el producto es el servicio a las personas. Dennis menciona tres aspectos diferentes en la mentalidad del dueño en contraposición a la mentalidad del empleado, así:

1. El empleado se enfoca en sus derechos, el dueño en sus responsabilidades.

2. El líder (dueño) saca su tajada en forma proporcional y

No se gana de los empleados, solo de los que tienen mentalidad o espíritu de propietarios. (Peacocke 1995, pág. 73)

Adicionalmente, en el tema de la «actitud», se encontrará a personas que aman el dinero y usan a las personas para obtenerlo o ganarlo. Esa, desde luego, es una mala actitud y representa a los que confían en las riquezas y caen víctimas del engaño de las riquezas que hacen nula la Palabra de Dios. Otros aman a las personas y usan el dinero para obtenerlas o ganarlas. Esa es la buena actitud, y sé que puede parecer como algo incorrecto, pues da la impresión de considerar a las personas como mercadería que se pueda ganar u obtener; pero a lo que me estoy refiriendo es a ganarlas en el contexto de lo que dijo Jesús en la parábola del mayordomo malo de Lucas 16.1–9, es decir, ganar amigos con las riquezas injustas o ajenas. Estas personas no confían en las riquezas, sino en Dios, y entienden el valor o propósito de las riquezas como es expresado por el Señor Jesús en Mateo 6.24, que dice: «*Nadie puede servir a dos señores; porque aborrecerá al uno y amará al otro, o se dedicará al uno y menospreciará al otro. No podéis servir a Dios y a las riquezas*». (RVA-2015)

Algunos interpretan mal este pasaje, enfocándolo solo en el aspecto negativo de no poder servir a Dios y a las riquezas, pero lo que sí hay que hacer es que las riquezas sirvan a Dios.

La palabra riquezas viene de la palabra *Mammonas*, de origen arameo y significa: «Confianza, riqueza personificada; avaricia endiosada». Si se toma aisladamente el pasaje de Mateo 6.24, se podría pensar que las riquezas son malas y que automáticamente compiten contra Dios. Pero nota la siguiente exhortación que hace el mismo Señor Jesús: *«Y yo os digo: Ganad amigos por medio de las riquezas injustas, para que cuando éstas falten, os reciban en las moradas eternas…. Pues si en las riquezas injustas no fuisteis fieles, ¿quién os confiará lo verdadero?"* (Lucas 16.9, 11 RVR1960) Como puedes ver, Jesús declara que sí hay un aspecto o forma en la que se puede «ganar» a los hombres. Obviamente, es ganarles en una forma de entendimiento y conocimiento que les permitirá llegar a ser verdaderamente libres, no nuestros esclavos o servidores.

> «Hay más parábolas en el Nuevo Testamento concernientes a la mayordomía de bienes materiales y de talentos personales que las que conciernen al cielo…»

Otra cosa interesante, aunque tal vez conflictiva para la forma de pensar de muchos, es el hecho de que, con base en el significado de la palabra riqueza, podemos decir que se puede usar esa avaricia o confianza que los hombres ponen en las riquezas para ganarlos. Obviamente, eso implica que les ayudemos a adquirir esas riquezas que ellos tanto quieren y en el proceso o por medio de ellas, los ganemos para Cristo. Ahora para expandir en el aspecto del entendimiento, considera las palabras de Jesús cuando preguntó a José y María… *«¿Por qué me buscabais? ¿No sabíais que en los negocios de mi Padre me es necesario estar? Mas ellos no entendieron las palabras que les habló».* (Lucas 2.49–50 RVR1960) No le entendieron porque suponían que el negocio de su padre sería la carpintería de José, pues esa era la

Libertad financiera a la luz de la Biblia

norma, seguir la profesión del padre, más Jesús hablaba de los negocios de Dios.

En relación a la respuesta de Jesús a María, Dennis comenta:

¿Es acaso éste hablar de Jesús, «orientado hacia los negocios», inconsistente con el resto de su mensaje? Difícilmente. Hay más parábolas en el Nuevo Testamento concernientes a la mayordomía de bienes materiales y de talentos personales que las que conciernen al cielo u otro tema singular. Dios no es solamente **materialmente** *orientado. Él inventó toda la materia y además la posee en su totalidad. Él tiene franquicia de negocios terrenales. Él pretende retornar, algún día, en persona y entonces extender la influencia de sus empleados/condueños para que tengan la gerencia y gobierno de todo lo que Él ha creado. Él tiene una malvada e inexorable competencia llamada Satanás, cuya operación rival se ha apoderado de mucho de la Tierra. Satán ha quedado mayormente incontestado por la mayoría de los creyentes, porque creyeron que la cuestión principal era el plan de jubilación, no la franquicia terrenal. Para hacerlo más práctico, tanto Satanás como Dios están compitiendo por la ganancia del mercado que conforman la población terrestre. Los ignorantes e indecisos son la meta del evangelismo. Dios los creó y como un amoroso Mayordomo, quiere que ellos también funcionen como lo planificó de antemano. (Peacocke 1995, pág. xiii)*

Alguno podría argumentar que eso se aplica solo a Jesús porque Él sí tenía una obra específica que hacer, pero si recordamos la comisión que Jesús nos dejó, podemos ver que nos iguala a Él en su misión cuando dice: *«…como me envió el Padre, así también yo os envío…». (Juan 20.21 RVR1960)* En la parábola de las minas también nos dice: *Negociad hasta que venga, (Lucas 19.13 RVR1977)* y a los que negociaron les da como recompensa el gobernar con Él sobre las naciones. Bajo esa perspectiva, ve conmigo el pasaje conocido de Mateo 5.16: *«Así alumbre vuestra luz delante de los hombres, para que vean vuestras buenas obras y glorifiquen a vuestro Padre que está en los cielos». (RVR1960)* Ahora pregúntate: ¿Cuáles serán esas buenas obras que los hombres deben ver? ¿Cómo se glorifica a Dios? ¿Será el asistir a las reuniones de la iglesia, cantar y todo lo demás relacionado a la actividad y membresía de la iglesia? En Juan 15.8 Jesús dijo: *«En esto es glorificado mi Padre, en que llevéis mucho fruto y seáis así mis discípulos». (RVR1960)* Y en Juan 17.4 dijo: *«Yo te he glorificado en la tierra; he acabado la obra que me diste que hiciese». (RVR1960)* De las palabras de Jesús aprendemos que dar fruto es igual a hacer la obra, el trabajo y/o la voluntad de Dios, y es así como se glorifica a Dios. Lo que muchos no ven es que Jesús no limitó su actuar ni su enseñanza a lo que sería considerado como prácticas religiosas. Él habló y enseñó sobre todos los aspectos de la vida. De hecho, habló y enseñó más sobre las finanzas y los negocios que sobre cualquier otro tema que se considere un fundamento eclesiástico.

¿Hay pasajes que indiquen que esa voluntad no se limita a los asuntos eclesiásticos, sino que, por el contrario, implica mayor participación en los asuntos cotidianos y pertinentes a esta vida terrenal aquí y ahora? El primero que menciona que Dios va a ser glorificado por medio de ciertas obras o acontecimientos aquí en la tierra es Éxodo 14.4: *«Y yo endureceré el corazón de Faraón para que los siga; y seré glorificado en Faraón y en todo su ejército, y sabrán los egipcios que yo soy Jehová. Y ellos lo hicieron así». (RVR1960)* Sabemos que Dios fue glorificado al hacer justicia y juicio sobre los egipcios. Ezequiel 28.22 añade claridad sobre el tema: *«…Así ha dicho Jehová el Señor: He aquí yo estoy contra ti, oh Sidón, y en medio de ti seré glorificado… cuando haga en ella juicios y en ella me santifique». (RVR1960)*

Desde Génesis hasta Apocalipsis, el tema de la mayordomía y del trato justo son las normas para expresar en forma práctica que se cree en Dios y que se desea hacer Su voluntad. Si una persona reconoce, en primer lugar, que todo lo que tiene es de Dios y que su función es ser mayordomo para hacerlo fructificar y multiplicarse, y en segundo lugar, acepta que el fin no justifica los medios y que debe lograr ese resultado respetando las normas o leyes de Dios para el trato interpersonal, tendrá que ser justo y respetar el derecho en sus tratos y en su función de mayordomo. De hecho, vemos que el primer problema de relación entre hermanos es definido por la Biblia como consecuencia de esa falta de justicia en las obras cotidianas: «*No como Caín, que era del maligno y mató a su hermano. ¿Y por qué causa le mató? Porque sus obras eran malas y las de su hermano justas*». *(1 Juan 3.12 RVR1960)*

Lo justo de las obras de Abel se basaba en su trabajo cotidiano, su relación con sus padres y hermanos, y en el comportamiento y actitud personal, no en asistir a reuniones en la iglesia o leer la Biblia, etc., ya que, en ese entonces, no se hacía este tipo de actividades. Apocalipsis 19.8 concluye que el elemento que caracteriza o señala que los santos pueden participar en las bodas del Cordero, es precisamente ese actuar de acuerdo a la justicia. «*Y a ella se le ha concedido que se vista de lino fino, limpio y resplandeciente; porque el lino fino son las acciones justas de los santos*». *(RVR1960)* Lo lamentable es que la tendencia «religiosa» es la de identificar esas obras justas con las disciplinas eclesiásticas (asistir a la iglesia, leer la Biblia, etc.), lo cual no es cierto. El obrar cotidiano debe ser en las relaciones interpersonales, comenzando en la familia, en el trabajo, así como el comportamiento y responsabilidad de ciudadano e individuo. A eso es precisamente a lo que se refiere Santiago 2.17–18. Es incongruente pensar que tener fe y agradar a Dios, lo sea únicamente por practicar ciertas disciplinas religiosas (asistir a la iglesia, leer la Biblia, etc.), pero a la vez eres impuntual en tus compromisos; no cumples tus responsabilidades con tu familia (sea como padre, madre, hijo o hermano); si tienes algún oficio (carpintería o mecánica), no cumples tu palabra en tener el trabajo cuando dijiste que estaría listo; en tus responsabilidades de pago estás moroso; en tu responsabilidad de padre no sabes lo que les enseñan a tus hijos en la escuela; como ciudadano no te importa que se aprueben leyes que violan abiertamente los derechos inalienables del ser humano; como empleado

Capítulo 6 El concepto bíblico del trabajo

buscas cómo evadir tus responsabilidades, y como jefe no eres justo en tu trato, etc.

«El trabajo es el taller donde Dios forma y moldea a sus futuros socios»

Si tú pensabas que con el solo hecho de cumplir ciertas disciplinas religiosas, estás haciendo las obras justas de los santos que constituyen el vestido de la novia, permíteme decirte que estás equivocado. Las disciplinas eclesiásticas son la minoría y pesan mucho más las relaciones interpersonales comúnmente llamadas mundanas o terrenales. Es por eso que el trabajo cobra un valor mucho más grande y desarrolla una función mucho más importante que ganar el sustento y abrigo. Además del mandato claro de Dios en relación al trabajo, sabemos que es en el trabajo donde el verdadero yo se manifiesta ante las circunstancias, los malos entendidos, las fallas y los logros. Es por eso que insisto: El trabajo es el taller donde Dios forma y moldea a sus futuros socios.

Espero que, con lo anteriormente expuesto, se te haga más fácil entender la afirmación que hice en el capítulo 5, en el sentido de que, *a la luz de las Escrituras, trabajar solo para subsistir es igual a la esclavitud descrita en la Biblia. Es cambiar tiempo y energía por sustento y abrigo, mientras se paga una responsabilidad adquirida.* En aquellos tiempos, pudo ser la de redimir a un pariente, restaurar un daño causado, etc. En nuestros días, es la responsabilidad de llenar una cuota de ventas, de fabricación de ropa, adornos, prestar un servicio legal, médico, profesional o de otra índole, pero el punto sigue siendo el mismo, no es el trabajo bíblico, sino un empleo.

Pretender que el mensaje de Pablo a Timoteo era el de conformarse o estar satisfechos con la situación que se viviera, es ignorar el contexto total de la Biblia, ya que el mismo San Pablo en 1 Corintios 7. 21 exhorta: *«¿Fuiste llamado siendo esclavo? No te preocupes; pero si puedes hacerte libre, por supuesto procúralo». (RVA-2015)*

En principio pone el énfasis en: «No te preocupes», a efecto de cumplir la palabra que por nada debemos estar afanados, ya que la preocupación implica falta de fe. Pero mantengamos en mente que no es una exhortación para quedarnos satisfechos en la condición que estemos, ya que la última parte de dicha exhortación dice: *«Si puedes hacerte libre, por supuesto procúralo».* La esclavitud en la época de Pablo era una práctica común; ilegítima, por cierto, contraria a la voluntad de Dios sin duda, pero aceptada legalmente, y quien se escapaba era un prófugo de la ley. En nuestros días, hay leyes injustas e ilegítimas como algunos impuestos, que son robos legalizados, tanto así que si no los pagamos nos tratan como criminales.

Las palabras de Pablo no son un aval a la esclavitud, sino que les dice que hay medios permitidos y aceptados por la ley para conseguir la libertad, tales como pagar una cantidad de dinero, hacer un acto heroico, que alguien lo redima, etc. Así que si puedes encontrar un medio legal para conseguir tu libertad… «Procúralo». La palabra «procúralo» implica poner mayor énfasis y atención a ello. Traducida la exhortación de Pablo a nuestros días sería algo así: *No te afanes ni preocupes por la condición laboral en la que te encuentras. Dale gracias a Dios porque tienes ese canal de subsistir y conseguir lo básico como es el sustento y abrigo; pero no estés satisfecho con esa condición y haz todo lo que sea posible; procura (busca los medios) para liberarte de esa condición de empleado o esclavo voluntario y aprende que, en el diseño de Dios, el trabajo tiene otra razón de ser.* El trabajo bíblico no tiene que ser un mal necesario, algo que tengamos que hacer, aunque no nos guste. ¿Has considerado que los deportistas ganan dinero por «jugar», los cantantes por «cantar», los artistas por «pintar, declamar, o actuar»? En otras palabras, ganan por hacer algo que les gusta y que la mayoría de las personas no asocian con que sean trabajos, pero sí lo son. *Recuerda: Dios instituyó el trabajo cuando el hombre estaba en plena comunión con Él y no tenía necesidad de ganar el sustento diario.*

Dios y los salarios

> «Los hombres no son iguales, y la redistribución de riquezas no cambiará ese hecho»

Pablo en Romanos 12.2 nos dice que no nos conformemos al sentido de valores de este siglo (en el cual se encuentra el sistema de salarios). En el capítulo número 9 del libro de Dennis, nos dice que «los hombres no son iguales, y la redistribución de riquezas no cambiará ese hecho». (Peacocke 1995, pág. 127)

Debido a esa mentalidad errónea de asumir que los pobres son humildes y los ricos son materialistas, se han dado casos en los cuales se les quita a los ricos para dar a los pobres. Se han hecho injusticias en forma de ley (impuestos), con la mentalidad de castigar al que tiene para darle, supuestamente, al que no tiene. Pero debido a que los hombres no son iguales, aunque se redistribuyeran las riquezas en una forma igual entre toda la humanidad, solo sería cuestión de tiempo en que la minoría estuviera otra vez rica y la mayoría pobre.

Se dice que en todas partes del mundo y en todas las naciones, funciona la Ley o Principio de Pareto o ley del 80/20. ¿Qué significa eso? Básicamente quiere decir que el 20% de la población posee el 80% del capital; que el 20% es el que produce el 80% del comercio y las fuentes de trabajo; que ese 20% es el que hace, directa e indirectamente, lo que acontece en la nación. También se dice que, si se redistribuyera el capital entre el 100% de la población, en un período de 5 a 10 años, ese mismo 20% tendría de nuevo el 80% del capital. Entonces, la redistribución del capital no es la forma de sacar adelante a

85

una persona, a una familia y consecuentemente a una nación. Si consideras la vida de Jesús, notarás que no hizo ningún intento de sacar a los pobres de su pobreza y, por el contrario, advirtió a sus discípulos que siempre habría pobres. No que le agradara o que fuese su voluntad, pero mientras no se saque la pobreza de la mente de una persona, es decir, mientras siga con un sentido de valores influenciado por el humanismo y la religiosidad en el que confunda la pobreza con humildad y siga buscando a quien culpar por su condición, nunca podrá salir adelante, aunque le dieran todo el dinero que le dieran.

En el plan de Dios, el trabajo es la plomada para definir el carácter del hombre

Las enseñanzas que la Biblia nos da en relación a la diferencia de capacidades y dones, nos demuestran que el asunto no es compararse en cuanto a salarios ni funciones con los demás, sino es desarrollar el potencial propio e individual, la responsabilidad personal. Jesús repartió los dones a cada uno, según su capacidad y potencial; a quienes lo trabajaron les dio más y al que no lo trabajó se lo quitó y lo dio al que lo había trabajado. No le quitó al que tenía más para darle al que tenía menos, y en cuanto a reconocimiento, le dio el mismo reconocimiento al que fue fiel en la administración de los cinco dones que al que fue fiel en la administración de los dos. En el concepto humanista actual, en lugar de premiar al que trabaja más y hacer fructificar las cosas, se le castiga quitándole sus ganancias, lo cual le quita la motivación de trabajar más. Es otra versión del comunismo, que quita la propiedad privada. Otra forma de mostrar la diferencia entre el empleo y el trabajo bíblico es esta: Los salarios se dan acorde a la función que se desarrolla, no a la luz del valor de la persona que la desarrolla.

Si un médico, un abogado y un pintor, sin ninguna preparación académica, pintan una casa cada uno, a los tres les pagarían lo mismo, es decir, de acuerdo al costo del trabajo, no de acuerdo a sus capacidades y méritos personales. Si hubiese una diferencia en el pago por la calidad del trabajo, les aseguro, que sería a favor del pintor y no del médico ni del abogado. Si ese médico y ese abogado cometieran el error que la mayoría de los cristianos comete, al asumir que tienen que conformarse cualquiera que sea su situación y estar satisfechos con su salario, se estarían menospreciando a sí mismos. Estarían pecando contra Dios al no rendir de acuerdo al potencial que hay en ellos. Por lo tanto, al comparecer ante Dios y decirle: «Señor, trabajamos duro, bastante tiempo, con todo esmero e hicimos el mejor trabajo posible para demostrar que los cristianos somos más responsables y humildes», les aseguro que en lugar de recibir del Señor las palabras favorables que supuestamente buscaban, lo que escucharían sería algo semejante al siervo malo y negligente que escondió el talento.

En conclusión, la finalidad del trabajo bíblico no es tener un empleo como el actual para la adquisición de los recursos necesarios para la sobrevivencia, que es semejante a la esclavitud voluntaria a la que alude Pablo y de la cual exhorta a buscar con diligencia la forma de procurar librarse de esa condición. Por otro lado, la característica del trabajo bíblico es, no solo la posibilidad, sino la meta de llegar a ser dueño, ya que Dios no nos quiere solo como empleados a cambio de un salario, sino que quiere llegar a tener sociedad con nosotros.

PARA MEDITAR

1. Haz un listado de tus gastos. ¿Qué porcentaje inviertes en sustento y abrigo?

2. En el diseño del Dios del trabajo, ¿cuánto debería de invertirse en lo anterior?

Capítulo 7
El plan original de Dios

Aclaremos de una vez por todas, en nuestra mente, que, puesto que en Dios no hay mudanza ni sombra de variación *(Santiago 1.17)*, y puesto que la Biblia es Su voluntad revelada, no ha cambiado de opinión, y desde un principio presenta la pobreza como maldición, como consecuencia de no estar caminando de acuerdo a la ley de Dios, y la riqueza como bendición, como resultado de obedecer la ley de Dios. Para ello, leamos algunas porciones de Deuteronomio 28: *«Acontecerá que si oyeres atentamente la voz de Jehová tu Dios para guardar y poner por obra todos sus mandamientos que yo te prescribo hoy, también Jehová tu Dios te exaltará sobre todas las naciones de la tierra. Y vendrán sobre ti todas estas bendiciones... Bendito serás tú en la ciudad y bendito tú en el campo. Bendito... el fruto de tu tierra, el fruto de tus bestias, la cría de tus vacas y los rebaños de tus ovejas. Benditas serán tu canasta y tu artesa de amasar. Bendito serás en tu entrar, y bendito en tu salir. ...Jehová te enviará su bendición sobre tus graneros y sobre todo aquello en que pusieres tu mano; ...y te hará Jehová sobreabundar en bienes ... y en el fruto de tu tierra ... y para bendecir toda obra de tus manos. Y prestarás a muchas naciones y tú no pedirás prestado. Te pondrá Jehová por cabeza y no por cola; y estarás encima solamente y no estarás debajo, si obedecieres los mandamientos de Jehová tu Dios, que yo te ordeno hoy....*

«...y la riqueza como bendición y como resultado de obedecer la ley de Dios...»

Pero acontecerá, si no oyeres la voz de Jehová tu Dios, para procurar cumplir todos sus mandamientos y sus estatutos que yo te intimo hoy, que vendrán sobre ti todas estas maldiciones, y te alcanzarán.... Maldita tu canasta y tu artesa de amasar ... el fruto de tu tierra, la cría de tus vacas y los rebaños de tus ovejas.... Y Jehová enviará contra ti la maldición, quebranto y asombro en todo cuanto pusieres mano e hicieres ... edificarás casa y no habitarás en ella; plantarás viña y no la disfrutarás. Tu buey será matado delante de tus ojos y tú no comerás de él; tu asno será arrebatado de delante de ti y no te será devuelto; tus ovejas serán dadas a tus enemigos y no tendrás quien te las rescate.... El fruto de tu tierra y de todo tu trabajo comerá pueblo que no conociste; y no serás sino oprimido y quebrantado todos los días.... El extranjero que estará en medio de ti se elevará sobre ti muy alto, y tú descenderás muy abajo. Él te prestará a ti y tú no le prestarás a él; él será por cabeza y tú serás por cola». (Deuteronomio 28.1–44 RVR1960)

Esa fraseología no deja lugar a dudas de que la prosperidad material es resultado de la bendición de Dios y que la escasez es consecuencia de la maldición. No significa, necesariamente, que todos los que no sean ricos están en pecado o rebeldía abierta a la ley de Dios, sino como expresado antes, lo más seguro es que ignoren la verdad acerca de Su deseo de que sean ricos y la razón para ello. Como depende de lo que se piense o crea la forma en la que se actuará, quienes mal interpretan que deben estar satisfechos, no procuran liberarse ni prosperar. Por

Capítulo 7 El plan original de Dios

lo tanto, para acatar la directriz bíblica de no conformarnos a la forma de pensar de este siglo *(Romanos 12.2)*, continuemos con nuestro cambio de entendimiento por medio de considerar el plan original de Dios.

Cuando Él puso al hombre sobre la tierra, le dio la comisión de sojuzgarla, de ser fructífero y de señorear sobre toda la creación. *(Génesis 1.28, Salmos 8.1–4)*. Al leer la narración bíblica, no puede caber la menor duda de que la voluntad de Dios era bendecir al ser humano con abundancia. **Después acontece el pecado de rebelarse a la verdad y como consecuencia, se alteran algunos elementos en el plan original.** Considera lo que dije: Se alteran «elementos», no el plan en sí.

Consecuente con ese plan, cuando Dios llama a Abraham para que sea fructífero y a través de él sean benditas todas las familias y naciones, le dice: «Te daré toda esta tierra». *(Véase Génesis 12.7.)* Basta una lectura casual de la Biblia para darse cuenta de que Abraham fue extremadamente rico y que no vaciló en decirle al rey de Sodoma, en otras palabras, no necesito de lo que tienes. Después, cuando Dios establece a la nación de Israel, les declara que, si obedecían a Su ley, les bendeciría en todo y especifica las riquezas, como vimos en el texto anterior de Deuteronomio. Aquí también podemos percatarnos en la Biblia, que mientras el pueblo obedecía a Dios, sin importar cuán pequeños fuesen en número y espacio físico, geográfico o material, Él les daba victoria sobre naciones más grandes y los mantenía en riqueza y abundancia. Pero al desobedecer su ley, les dejaba ser derrotados, esclavizados y en pobreza. Ese es el patrón a lo largo de los libros que narran la historia de Israel, o sea desde Génesis hasta Malaquías. Pasa un lapso de más de 400 años antes de que aparezca Juan el Bautista y luego Jesús, anunciando el mismo mensaje o evangelio del Reino, y que surja de esa forma lo que ahora llamamos la Iglesia.

Ahora bien, lo que debemos tomar en cuenta es que, aunque han pasado los años, *en ningún momento se menciona en la Biblia que Dios haya cambiado de opinión en cuanto a su diseño original, por lo que cuando Jesús establece la Iglesia, lo hace para retomar la comisión original, no una nueva. Eso es sumamente importante de entenderse, porque es allí donde el enemigo ha querido engañar haciendo pensar que a la iglesia no le debe interesar lo terrenal, sino que solo debe pensar en las cosas celestiales. En esa distorsión de una verdad, se espiritualizan las cosas fuera de contexto y realidad, llegando a declarar las riquezas y demás elementos que a lo largo de la Biblia Dios ha dicho que son resultado de su bendición, como que son materialismo y algo que no debe buscarse o anhelarse. Acatemos aquí la exhortación de Jesús. Escudriñemos las escrituras para ver si indican en algún momento que las riquezas dejan de ser resultado de la bendición de Dios y se tornan en instrumento del diablo.* Seamos como los de Berea; verifiquemos en la Biblia si lo que se predica y escribe hoy en día—implicando que no debemos aspirar a la abundancia material—es así realmente o es un concepto religioso que contradice a la Biblia.

> «Poniéndolo en una forma clara y directa, la raíz es la de "señorear" sobre la tierra, no la de sobrevivir mientras nos vamos al cielo»

Para considerar este concepto, veamos a lo que Dennis se refiere en el punto número 11 de su libro, «Descubre las estructuras de raíz y edifica de ellas hacia afuera». (Peacocke 1995, pág. 151) Como expresé al inicio, es verdad que separado de los principios de Dios nadie puede hacer nada. De allí que incluso las personas que, sin ser creyentes o seguidores de Cristo, aplican los principios de Su Palabra, aunque los atribuyan a cualquier otra cosa y no a Dios, reciben el resultado de los mismos y prosperan en lo que emprenden. En otras palabras, ellos están edificando sobre las estructuras de raíz de la Biblia. Para nosotros, este principio implica que debemos volver a las

Capítulo 7 El plan original de Dios

raíces del plan de Dios y recuperar el llamado y propósito de Dios. Si lo expresamos en una forma clara y directa, la raíz es la de «señorear» sobre la tierra, no la de sobrevivir mientras nos vamos al cielo. Conviene señalar aquí, que algunos dicen que para lograr ese señorear, o al menos para interpretar que esa es la voluntad de Dios, se necesita ser «radical». Ahora bien, conviene también llamar la atención al hecho de que «radical» viene de la palabra *radix* que significa «raíz o asunto de raíz». O sea que aquellos a quienes se les llama radicales son las personas que perciben las causas o asuntos de raíz de sus tiempos y fuerzan a otros a lidiar con las implicaciones. Al tomar esa enseñanza del libro de Dennis y acatar la exhortación de Jesús y el ejemplo mismo de la Biblia, consideremos nuevamente el origen o raíz de la Iglesia. En otras palabras, el punto es el de ir a las causas, no a los efectos.

El origen de la iglesia

Antes de aclarar cómo ese punto se aplica al efecto o concepto actual que se tiene de la Iglesia, permíteme hacer una ilustración que nos servirá como ejemplo de comparación. Supón que yo digo que voy a edificar un gimnasio. ¿Qué clase de actividades piensas que es mi deseo desarrollar? ¿Qué imágenes pasan por tu mente al escuchar la palabra gimnasio? Obviamente, puesto que yo no estoy inventando la palabra «gimnasio» y ya tiene una connotación aceptada, los que me oigan asumen que quiero desarrollar actividades de ejercicios, deportes y las demás cosas asociadas al gimnasio. Añade a la ilustración que por alguna causa no puedo llevar a cabo mi deseo. Ahora haz la suposición de que con el correr del tiempo alguien dice: «Carlos quería edificar un gimnasio, hagámoslo en su honor», y empiezan a edificarlo; solo que, para ese entonces, a lo que le llaman gimnasio es una especie de asilo de ancianos y centro de bienestar social.

Conforme pasó el tiempo, las circunstancias y condiciones fueron cambiando hasta llegar al momento en que las nuevas generaciones no tienen ningún conocimiento de que en los gimnasios se hacían ejercicios y deporte. Así que, aunque la intención de quienes se proponen hacer el gimnasio es buena y loable, te hago esta pregunta, ¿Estarían honrándome al edificarlo? Aquí empieza a manifestarse la mentalidad de querer justificar las cosas por espiritualizarlas en lugar de afrontar la realidad. Algunos dirán que como las personas involucradas no saben lo que era un gimnasio y como su corazón es recto y sus intenciones buenas, sí me estarían honrando. Nota que esa clase de argumento justifica a todos los que dicen que aman y creen en Dios a su manera y que son sinceros. **Mas nosotros sabemos que la Biblia declara que es por falta de conocimiento que el pueblo cae en esclavitud y perece; es decir, Dios no justifica la ignorancia, ni libra a nadie de las consecuencias de la misma.**

La palabra «Iglesia» viene del griego «*ekklesia*» que literalmente significa «esos elegidos y llamados fuera para gobernar»

Sigamos con la ilustración y piensa que alguien dice: «Yo creo que el gimnasio necesita algo de acción, la gente necesita salir de su rutina y mejorar su condición. ¿Por qué no los ponemos a hacer algo de ejercicio y practicar algunos deportes?». A lo que las demás personas responderían ofendidas de que se quieran llevar esa clase de actividades al gimnasio, pues esas tienen su propio lugar de desarrollo afuera del gimnasio y practicadas por personas de otra calidad de vida. Imagínate lo que eso implica. La razón de ser del gimnasio pierde su significado con el correr del tiempo y ahora, al tratar de restaurarlo a su razón de ser, a la gente que nació creyendo en el significado equivocado, le suena que los que están tratando de restaurarlo en realidad están tratando de corromperlo. Parece absurdo, ¿verdad? Pero la razón de que lo parezca es porque tú estás viviendo en una época en la cual conoces el propósito del gimnasio y puedes comparar en tu mente las dos propuestas. ¿Pero qué pensarías si te dijera que esa ilustración presenta algo que ha

Capítulo 7 El plan original de Dios

acontecido en realidad, no en relación al gimnasio, sino que a la Iglesia? ¿En qué forma?

Cuando Jesús dijo que edificaría Su Iglesia, Él no inventó la palabra «Iglesia». Ya existía y tenía una connotación en la mente de todos los que le oyeron; lo mismo que «gimnasio», en la ilustración anterior. Con el correr del tiempo, ese significado y práctica original de lo que era la Iglesia, el significado y práctica que entendían los que oyeron a Jesús, se ha perdido. Y al igual que en la ilustración, cuando alguien alude que en la Iglesia se podría hacer, enseñar o practicar alguna de esas cosas que eran parte de la Iglesia original y consecuentemente, lo que fue el propósito de Jesús para Su Iglesia, ahora se juzga como mundano o carnal y practicado por otra clase de gente. Permíteme citar de nuevo a Dennis Peacocke en la introducción de su libro <u>Doing Business God's Way</u> (Haciendo Negocios a la Manera de Dios), para aclarar a lo que me refiero. «La palabra Iglesia viene de la palabra griega *"ekklesia"* que literalmente significa: "esos elegidos y llamados fuera para deliberar". Aquellos de ustedes que estén familiarizados con la historia griega conocen de la función de *ekklesia* en la política de la antigua Grecia dentro de las ciudades–estado. Ellos eran los gobernantes y los gerentes de negocios de su cultura. La Iglesia se supone ser un ejército de gobernantes; de allí que el Espíritu Santo escogió la palabra *"ekklesia"* para describirla. Ésta no es una verdad pequeña». (Peacocke 1995, pág. xi) ¿Te das cuenta de la implicación del cambio de significado de la palabra cuando Jesús la usó y lo que ahora se piensa de esas actividades?

Piensa en estas actividades:

Para que tenga un mayor impacto en tu mente, apliquemos las palabras que en la actualidad se asemejan más a lo que era el entendimiento que había en ese tiempo. Cuando Jesús dijo: *«Edificaré mi Iglesia»*, **en la mente de los que le oyeron se formaron los mismos conceptos que se formarían en la mente de la gente, hoy en día, al decir que Él iba a formar Su propio Congreso (Legislativo) y su propia Cámara de Comercio.** Si eso

95

te parece difícil de aceptar, antes de que lo deseches, detente a meditar unos cuántos elementos en relación al impacto que causaban los cristianos en el período de la historia que describe la Biblia. Por ejemplo, ¿te has preguntado alguna vez por qué Roma persiguió y mató a los cristianos? Si te detienes a analizar la evidencia histórica, tienes que llegar a la conclusión de que no fue por su fe en Dios, en la forma que se ha presentado en nuestros días. Es decir, no fue por sus prácticas relacionadas con las reuniones de adoración y predicación, porque Roma era politeísta y no les importaba a cuántos dioses adoraran.

Consultando las enciclopedias y libros de historia, se llega al conocimiento de que Roma permitía que todas las naciones por ella conquistadas, pudiesen mantener sus costumbres y prácticas religiosas. Lo que Roma demandaba de todas era que se adhiriesen al pacto de que «Cesar es señor». *¿Puedes darte cuenta en donde empezaron los problemas con los cristianos? Cuando los cristianos decían «Jesús es Señor», no tenía tanta connotación religiosa como política. Hoy en día, esa declaración de Jesús es Señor no causa ninguna molestia a los gobernantes políticos, pero en los tiempos de la Iglesia primitiva era considerada una actitud rebelde contra el gobierno romano y los cristianos eran perseguidos por revolucionarios, no por religiosos.*

«Eso fue lo que hicieron los cristianos ... precisamente en el contexto de negocios y política»

Conviene considerar los elementos necesarios para que se dé una revolución, para entender lo que pasó a los cristianos. Una revolución no se da cuando la gente está satisfecha, sino que cuando se siente o se sabe tratada injustamente. De allí que la revolución comienza cuando alguien ofrece otro tipo de gobierno o de condiciones para la gente. *Eso fue lo que hicieron los cristianos; al ofrecer el «Reino de Dios» con sus normas y sentido de valores, manifestaron a las personas un mejor estado o condiciones de vida. De hecho, la declaración de que estaban «trastornando el mundo» no fue dicha en contexto de sus prácticas «religiosas», sino que precisamente en el contexto de negocios y política.* Nota cómo dice el texto: «Pero no hallándolos, trajeron a Jasón y a algunos hermanos ante las autoridades de la ciudad, gritando: Estos que trastornan el mundo entero también han venido acá; a los cuales Jasón ha recibido; y todos éstos contravienen los decretos de César, diciendo que hay otro rey, Jesús». (Hechos 17.6–7 RVR1960) El tema en discusión era oposición o desacuerdo a las leyes del César, lo cual trastornaba el mundo, no geográfico, sino que el sistema o entendimiento aceptado por todos. **Los cristianos, pues, fueron muertos por asuntos que se podrían considerar más de índole política y activista social, porque estaban cambiando los conceptos y normas sociales, siendo luz y sal de su sociedad.**

Regresando al concepto de estudiar las cosas desde su raíz, tenemos que darnos cuenta de que, así como se ha perdido el entendimiento de lo que Iglesia significa, también se ha perdido el entendimiento de lo que es el evangelio. En lugar de presentar los diferentes textos que proclaman la predicación del Evangelio del Reino, prefiero citar como ejemplo una declaración hecha durante una reunión en la que se encontraban representados 16 países latinos. El tema que se estaba considerando era la participación de los cristianos en la política. Entre los diferentes puntos expuestos, uno de los expositores presentó una estadística del crecimiento que los evangélicos han tenido en todos los países latinos y luego reconoció que, aunque crece el número de evangélicos en nuestros países, la situación social empeora y se llegó a esta conclusión: «El evangelio que predicamos no afecta a la sociedad». Contrario a eso, como ya vimos, el evangelio del Reino predicado por los discípulos trastornaba a la sociedad de sus días.

Ejemplo

Si nos detenemos a considerar lo dicho por Dennis en relación a lo que era la Iglesia en el tiempo que Jesús declaró que edificaría la suya, podremos ver cómo parábolas, tales como la de las minas *(Lucas 19.11–28)*, cobran mayor claridad. El mandato de Jesús de «*negociad entre tanto vengo*», no puede ser espiritualizado fuera de contexto. La parábola es bastante clara y específica en que el Señor les dejó «*minas*», una cantidad de dinero, con la cual tenían que negociar con gente que no quería saber nada de su Señor. Considera las implicaciones de esa declaración: Tenían que negociar con incrédulos. ¿Cuán factible sería eso, hoy en día, cuando la tendencia es la de no querer «contaminarse», haciendo tratos o negocios con incrédulos? **Añade a eso que como recompensa de administrar bien las riquezas que les fueron encomendadas, o sea, por haber negociado bien, los pone a gobernar. Es así como vemos las dos funciones, la de gerentes de negocios y la de gobernar, o sea el concepto original de Iglesia.**

«El plan de Dios está diseñado para producir la condición de propietarios y madurez en Sus socios ... Él está a favor de bendecir gente que maneja sus negocios de la manera que Él maneja los suyos»

Continúa Dennis diciendo: «El plan de negocios de Dios está diseñado para producir la condición de propietarios y madurez en sus socios. Cualquier familia, negocio, iglesia o nación edificando sobre este principio será bendecida por Dios y prosperará, porque Él está a favor de bendecir gente que maneja sus negocios de la manera que Él maneja los Suyos». (Peacocke 1995, pág. xii) **Da tu atención a la importancia de esa declaración, especialmente la implicación de que hay una forma en la que Dios desarrolla sus negocios.** Es fácil

Capítulo 7 El plan original de Dios

considerar que se desarrolla madurez por medio de aceptar la responsabilidad que conlleva un trabajo, pero considera el segundo aspecto en la declaración de Dennis. ¿Por qué es que Dios desea que sus empleados lleguen a ser dueños, propietarios de aquello en lo que ahora solo son empleados? Aparte de decir que es porque Dios quiere bendecirnos, recuerda que *Dios lo hace todo ordenadamente y a través de un proceso; de allí que la meta sea ser dueños porque esa es la forma de llegar a cumplir la gran comisión. Pongámoslo de esta manera, yo solo puedo señorear sobre lo que es mío, señorear sobre lo de otro es robo, secuestro, etc.*

En el sistema humanista actual, en el concepto de empleo, no se da oportunidad a que alguien pueda ser propietario, porque mientras haya quien pague el salario, mantendrá cierto control sobre la persona asalariada. Bueno, ¿pero no es eso lo natural? ¿No se supone que el dueño que paga el salario requiera ciertas responsabilidades de la persona empleada? ¿Y no es justo que el dueño tenga cierto derecho y autoridad para controlarla y proteger así su propiedad? Permíteme regresar a la comisión original de Dios para aclarar este punto. *Cuando Dios delegó autoridad al ser humano, le dio potestad de señorear, de ejercer autoridad y sojuzgar toda su creación. Pero no le dio autoridad de señorear sobre otro ser humano, porque todos y cada uno de nosotros somos creados a su imagen, con la misma oportunidad, el mismo propósito y, algo sumamente especial, la misma dignidad.* Es por eso que la autoridad delegada por parte de Dios tiene un límite; aun los padres ejercen autoridad sobre los hijos hasta cierto punto y luego los tienen que dejar libres de ser señores de su propia casa. Permíteme citar de otro libro que escribí, <u>Restauración del fundamento apostólico y profético</u>, para aclarar un poco más sobre el aspecto de autoridad y su razón de ser:

Es por eso que nos encontramos en un proceso de redención y restauración, para que aprendamos que la razón del poder para gobernar, no es para servirse de los y lo gobernado, sino que para servirles y ayudarles a expresar su mayor potencial.

Consideremos esa declaración en diferentes ámbitos o esferas. En un equipo de cualquier deporte, el entrenador debe tener autoridad sobre los jugadores para que obedezcan las instrucciones y estrategia del juego. Ahora bien, esa autoridad del entrenador es para sacar el mayor potencial y habilidad de los jugadores y que éstos se coloquen y jueguen de tal manera que sean más efectivos. El entrenador no usa su autoridad para sacar beneficios personales de los jugadores, sino que en el desarrollo del mayor potencial de ellos está su recompensa.

En el aspecto de labrar la tierra, si alguien quiere una gran cosecha—lo cual se puede interpretar como que sí es para sacar provecho personal y servirse de la tierra—la realidad es que la tierra no producirá esa gran y buena cosecha si esa persona no invierte en trabajarla para que dé lo mejor de sí, y si no respeta el diseño de Dios de darle su tiempo de reposo. Como podemos ver, aun en ese aspecto, la autoridad o poder de sojuzgar y gobernar la tierra implica administrarla de tal manera que ella pueda desarrollar su mayor potencial y dar más de sí.

¿Y qué podemos decir de la esfera del ejército? La autoridad de los generales, o cualquier rango de mando que escojamos, no debería ser para sacar provecho personal directo, sino que para entrenar, equipar y capacitar a esos soldados para que puedan responder positivamente bajo cualquier situación por muy negativa que sea.

Como podrás darte cuenta, la autoridad delegada que Dios nos ha dado tiene como razón principal de ser, el ayudar a que otros descubran, ejerciten, desarrollen y usen sus dones y habilidades. Una vez que están listos, pasan a ser sus propios jefes, es decir, pasan a ser mayordomos directos de Dios y a rendirle cuentas a Él. Si un jefe, padre de familia, general o cualquier otra persona en un rango de autoridad sobre otro, pretende mantenerle dependiente de él y no está trabajando en desarrollar su potencial, ignora la comisión de Dios.

Capítulo 7 El plan original de Dios

Aunque no sea de mala intención, por llevarle la contraria al diseño de Dios, eventualmente sufrirá las consecuencias de su mal uso de la autoridad delegada. Por el otro lado, la persona que se queda dependiente de otra, también sufrirá mayor pérdida que la sola limitación material, pues no descubrirá, ni desarrollará su verdadero potencial y naturaleza de lo cual Dios le pedirá cuentas, pues sí se los dio.

«Dios nos creó y nos puso en la tierra para que aprendamos a administrarla como mayordomos fieles ... y entregárnosla finalmente como herencia ... Nos ha dotado de su imagen, semejanza, dones y atributos para cumplirlo, pero es nuestra responsabilidad creerle ... de eso es de lo que le daremos cuenta»

Recordemos que, en el diseño de Dios, la meta es el autogobierno, para que se cumpla el que cada quien dará a Dios cuenta de sí. Podemos limitar ese rendir cuentas diciendo que un empleado cumple esa condición con ser buen empleado responsable y diligente. Pero eso limita su responsabilidad a un aspecto temporal, menor y material, ignorando el aspecto eterno, mayor y espiritual, en el cual se le está llamando a dar cuenta a Dios en relación a la comisión de señorear y sojuzgar la creación. Es como que un alumno diligente, estudioso, ordenado y respetuoso obtenga calificaciones sobresalientes y todo lo que se quiera añadir, con el único problema de que permanece en el mismo grado y nunca se gradúa. Considera la siguiente declaración para aclarar lo expresado anteriormente: Dios no nos creó para que aprendamos a sobrevivir mientras nos vamos al cielo. Dios nos creó y nos puso en la tierra para que aprendamos a administrarla como mayordomos fieles, con la intención de

101

entregarnos la mayordomía de toda su creación universal, y en base a la fidelidad y diligencia que mostremos, entregárnosla finalmente como propiedad o herencia. Nos ha dotado de su imagen y semejanza con los dones y atributos necesarios para cumplir tal tarea, pero es nuestra responsabilidad creerle que los tenemos y desarrollarlos; de eso es de lo que le daremos cuenta.

«...en el contexto bíblico, el que sirve es el que gobierna...»

Por lo tanto, para poder desarrollar esa creatividad y capacidad que tenemos por ser administradores suyos, necesitamos ser libres y ejercer dominio sobre los recursos necesarios. Es aquí donde el aspecto de libertad financiera cobra mayor importancia. ¿En qué forma? Esto es sumamente importante: «No se puede experimentar libertad personal, sin tener libertad financiera» ¿Por qué? Recuerda lo que dicen las Escrituras: *«El rico domina a los pobres y el que toma prestado es esclavo del que presta»*. *(Proverbios 22.7 RVA-2015)* Nota esa declaración específica *«el rico domina»*; nota que no dice, como se tiende a interpretar religiosamente, que es el rico malo, mundano y carnal el que lo hace, sino que el rico en general. Es decir, no se está hablando de la calidad de vida y actitud de la persona, sino de una condición que le permite ejercer dominio. Obviamente, si su corazón está alejado de la justicia y temor de Dios, usará el dinero para sobornar, para placeres incorrectos y para enseñorearse de las personas, pero si su entendimiento de las riquezas es de acuerdo a la verdad de la Biblia, puede usar ese dominio para bien. Recuerda que, en el contexto bíblico, el que sirve es el que gobierna; teniendo los recursos económicos se es libre para obedecer el mandato de Dios. Por otro lado, en el contexto del empleo, se está en la misma condición del que toma prestado porque el empleado depende de las condiciones del que lo empleó. Aunque tiene la facultad de renunciar si quiere, mientras no esté en la condición de valerse por sí mismo, mientras no sea libre financieramente, su sustento seguirá dependiendo de otro, y estará en la misma condición de «esclavo voluntario» o empleado.

Consideremos la instrucción que Pablo da a los Gálatas: *«Ustedes fueron llamados a la libertad, hermanos; solamente que no usen la libertad como pretexto para la carnalidad. Más bien, sírvanse los unos a los otros por medio del amor». (Gálatas 5.13 RVR 2015)* En el contexto correcto, Pablo está diciendo que solo los libres pueden servir, puesto que libertad no es hacer lo que quiera, sino lo que debo. Ahora considera, ¿cómo puedo organizar o decidir servir en el Reino, si tengo un horario estricto definido, establecido por otro? Para expandir mejor este concepto, permíteme recordarte lo que aclaré en la introducción: el hecho de que tenemos que considerar nuestra vida, con sus distintas funciones y responsabilidades, en una forma integral en la cual una cosa afecta todas las otras. Al hacerlo así, nos damos cuenta de que la forma de expresar nuestras prioridades, en aspecto de tiempo y atención, no se puede enmarcar en ninguno de los conceptos predominantes tales como: primero Dios, segundo la familia, tercero el trabajo y cuarto la iglesia. O segundo la iglesia, tercero el trabajo, etc. Obviamente, lo único que no puede cambiar en ese orden es que primero debe estar Dios, pues ese es el primer y más grande mandamiento. Pero después de eso, no puede haber un orden establecido, pues somos igual de responsables con las demás funciones y relaciones. Eso implica que hay momentos en que nuestra prioridad es hacer algo con nuestra familia. Puede ser que nuestro cónyuge o alguno de nuestros hijos necesiten saber en ese momento, bajo alguna situación especial para ellos, que nos importan y que realmente significan tanto para nosotros que podemos dejar las demás cosas para atenderles a ellos. En otras ocasiones, tendremos que limitarnos y aun suspender alguna actividad familiar para cumplir una responsabilidad laboral, social o eclesiástica. **En fin, para que Dios sea primero, tenemos que ser flexibles y estar disponibles en las demás relaciones y funciones.**

Eso nos presenta otra vez con la realidad de que mientras dependa de otros para mi sustento y recursos económicos, esos otros establecen los límites de mi libertad. Con muy raras y contadas excepciones, tú encontrarás un empleo en el que entiendan que vas a llegar tarde o que no vas a llegar en absoluto porque tu hijo necesita que le dediques tiempo y atención en ese momento específico. Aquí también tengo que repetir que no basta decir, como algunos bien intencionados, pero mal informados, dicen: «Estoy dispuesto aun a pasar hambre para servir al Señor». Como ya lo expresé anteriormente, aunque sí se puede estar dispuesto a los sacrificios y las limitaciones en lo personal, es injusto e incorrecto sacrificar a otros que dependen de nosotros. Eso en lugar de que cuente como dedicación a la obra, resulta ser irresponsabilidad e ignorancia de las leyes de Dios y de Su Reino. Además, para poder cumplir la gran comisión, se necesita más dinero que solo para sobrevivir.

«Dios tiene solo un plan y no lo ha cambiado: Comienza por que el hombre aprenda a llenar la tierra y sojuzgarla»

Recordemos que *el mismo Señor Jesús resumió la ley diciendo que hay que amar al prójimo como a uno mismo. Eso de por sí implica que debe de haber una autoestima sana y consciente de ser creados a la imagen de Dios, porque de lo contrario, no se transmitirá el mensaje de buenas nuevas acertadamente, sino que se comunicará un aspecto de religiosidad, en el cual predomina el sufrimiento o penitencia como pago o merecimiento de la bendición de Dios.* Al quitar ese trasfondo religioso y disponerse realmente a servir a Dios y al prójimo, se llega a la claridad de que se necesitan los recursos económicos. Por ejemplo, Margaret Thatcher dijo: «Nadie se habría acordado del buen samaritano si solo hubiese tenido buenas intenciones. También tenía dinero». En esa declaración, consciente de ello o no, la señora Thatcher está aludiendo a las palabras de Santiago 2.14–17: «*Hermanos míos, ¿de qué aprovechará si alguno dice que tiene fe y no tiene obras? ¿Podrá la fe salvarle? Y si un hermano o una hermana*

Capítulo 7 El plan original de Dios

están desnudos y tienen necesidad del mantenimiento de cada día, y alguno de vosotros les dice: Id en paz, calentaos y saciaos, pero no les dais las cosas que son necesarias para el cuerpo, ¿de qué aprovecha? Así también la fe, si no tiene obras, es muerta en sí misma». (RVR1960)

Concluyamos este capítulo reafirmando que **Dios tiene solo un plan y no lo ha cambiado: Comienza por que el hombre aprenda a llenar la tierra y sojuzgarla. Para ello, Dios ha comisionado a la Iglesia, en estos días, para que enseñe su evangelio, las leyes de su Reino, a todas las naciones, y éstas se sujeten a su voluntad, lo cual traerá la bendición de Dios sobre su tierra, sus recursos naturales, su creatividad y sus vidas. Para llevar adelante esa comisión, Dios suple lo que sea necesario para que sus administradores puedan, no solo vivir ejemplificando las leyes, normas, responsabilidades y beneficios de hacerlo así, sino que también tengan los recursos para llevar esa enseñanza y discipulado por todas partes y a través de los medios que sea necesario.**

«Conformarse con ser un buen empleado, es rechazar la Comisión de Dios»

Consecuente con Su palabra, Dios sigue llamando a la pobreza maldición y a la riqueza bendición. Instituyó a Su Iglesia para que ésta, como su embajadora, sea la que gobierne y administre los recursos de las naciones, las cuales son de Dios, enseñando con hechos lo que significa gobernar según el principio de servir. El enemigo que sigue confrontando y evitando que esto se haga realidad, es la ignorancia de la Palabra de Dios y el acomodamiento mental a la forma de pensar de este siglo. Este ha infiltrado muchos conceptos religiosos contrarios a la verdad de Dios y nos encontramos en la condición que Pablo advirtió al decir que se llamaría bueno a lo que Dios llama malo y malo a lo que Dios llama bueno. Lo más vital que podemos y debemos hacer ante tal situación es renovar el entendimiento, y de eso hablaremos en la segunda parte de este libro.

PARA MEDITAR

1. ¿Cuál consideras que sigue siendo el plan original de Dios?

2. Siguiendo fielmente el proceso, ¿cuál debería ser el resultado final para el hombre?

SEGUNDA PARTE:

Renovando el Entendimiento

Capítulo 8
La importancia de nuestras palabras

Manteniendo el principio aludido anteriormente de descubrir las estructuras de raíz y edificar sobre ellas, es imprescindible que nos percatemos de la importancia que nuestro entendimiento y las palabras resultantes tienen en nuestra vida. Ya dijimos que la Biblia declara que somos el resultado de lo que pensamos, que depende del tesoro o sea la información que tengamos en nuestro corazón o subconsciente, lo que dictará la clase de palabras que hablemos, y éstas a su vez, serán las semillas que producirán los frutos que cosecharemos. En otras palabras, la raíz del asunto es la información que recibimos para establecer nuestro sentido de valores y nuestra forma de pensar. Eso nos reafirma que la única forma en la que el enemigo nos puede limitar de disfrutar la bendición de Dios es por medio de engañarnos. Y como él es el príncipe que opera en la mentalidad y sentido de valores de este siglo, ha trabajado en colocar esas ideas que la riqueza es materialismo, los ricos son mundanos y que la pobreza es sinónimo de santidad.

Dando por sentado que la Biblia no dice tal cosa, sino que, por el contrario, demuestra que quienes practican los principios, normas o leyes de Dios, prosperan en todo, pasemos ahora a enfocar por qué es que, aunque Dios desea que seamos prósperos en todo, la gran mayoría no parece lograrlo. Mantén en mente que Dios actúa de acuerdo a Su palabra y que, aunque su deseo sea uno, mientras nosotros no actuemos de acuerdo a Su Palabra, o sea los principios enseñados en la Biblia, Él no puede bendecirnos, porque no puede contradecir su misma Palabra. Recordemos que la causa señalada por Dios del porqué el pueblo perece y es llevado cautivo, es por ignorar precisamente esas leyes y normas. Por lo tanto, consideremos, en primer lugar, el poder de nuestras palabras y la necesidad de darnos cuenta de lo que implica hablar en armonía con el «escrito está» de Dios.

«Lo que decide quién nos gobierna, son nuestras palabras»

El Salmo 12.4 dice: *«Dijeron: Por nuestra lengua prevaleceremos. Si nuestros labios están a nuestro favor, ¿quién más se hará nuestro señor?».* (RVA-2015) En la declaración de los «labios lisonjeros», se encuentra una gran verdad, desde luego, adulterada por la mente impía, pero no por eso deja de ser verdad. ¿Cuál es la gran verdad que esa declaración nos presenta? Para ponerlo en una forma fácil de entender, digámoslo de esta manera: **«Lo que decide quien nos gobierna son nuestras palabras, la forma en la que hablamos».**

Es muy probable que estés pensando que eso es demasiado extremo y que conoces personas que se pasan hablando positivamente y de todos modos no cambian. Yo también las conozco, pero el punto no es el juzgar de acuerdo a las imitaciones o los extremos, sino que de acuerdo a la verdad absoluta e infalible de la Palabra de Dios. Recuerda también

Capítulo 8 La importancia de nuestras palabras

que desde un principio se nos ha exhortado a hablar en armonía con la verdad de Dios diciéndonos que, en última instancia, lo que hablamos es lo que recibimos. Textos tales como: *«La muerte y la vida están en el poder de la lengua» (Proverbios 18.21 RVA-2015)* y *«Todo por lo cual oran y piden, crean que lo han recibido y les será hecho» (Marcos 11.24 RVA-2015)*, corroboran esa verdad. Ahora, lo triste del caso es que se tenga que usar a personas que no respetan a Dios, para poner ejemplo de dos cosas tan vitales para el éxito en la vida como son:

a) El andar de acuerdo y,

b) El poder de la palabra.

En el primer caso, me refiero al evento de la construcción de la torre de Babel. Ve la declaración que el mismo Dios hace acerca de cómo estaban de acuerdo y hablando de la misma manera, y que no habría nada que los pudiera hacer desistir de su propósito. *(Génesis 11.6)* Considera tales palabras porque es el mismo Dios quien da el veredicto. Ahora considera la porción citada anteriormente del Salmo 12. La declaración en forma de pregunta debe llamarnos la atención, pues es una de las formas más claras en la que los hijos de este siglo son más sagaces que los del Reino, tal y como lo dijo Jesús en Lucas 16.8.

«La muerte y la vida están en poder de la lengua»

¿Por qué digo esto? Observa lo siguiente. Dios nos dice que la vida y la muerte están en el poder de la lengua, que lo que creemos y decimos es lo que recibimos. Y nosotros, en lugar de hablar de acuerdo a la verdad de Dios—que nada se enseñoreará de nosotros, que somos llamados a ser cabeza y no cola, a dar prestado y no pedir prestado, a ser embajadores del Señor en todo aspecto, etc., en fin, a prosperar en todo—lo que hacemos es hablar de impotencia, de que las potestades nos limitan, de la inseguridad de triunfar en negocios y muchas otras cosas negativas. ¿Cuál es la causa de nuestra falta de victoria entonces? ¡Nuestros labios!

En cambio, los hijos de este siglo son más sagaces en el contexto de negociar en esta tierra, ya que ellos, sin conocer, aplican los principios de Dios y, por lo tanto, están teniendo éxito. Los cristianos, por su parte, no los aplican y casi los identifican como algo negativo, sin darse cuenta de que, al hacerlo así, están llamando inmundo a algo que Dios limpió. **Desde luego, cuidemos de no caer en el misticismo de que solo por hablar positivo todo nos va a ir bien.** Sabemos que fe y obras deben ir juntas y que las palabras que cuentan son las que salen de la abundancia del corazón, no de la mente. Pero al menos, empecemos a cambiar nuestra forma de pensar para que podamos hablar con fe y con entendimiento, para que la voluntad de Dios sea entendida y se haga parte de nuestro ser. Ahora, ¿por qué es que nos apartamos de hablar en armonía con esas palabras de verdad y de ese verdadero conocimiento?

Lo que sucedió, fue que...

«...dejemos de oír las palabras que nos hacen divagar de ese conocimiento, y poseamos nuestra herencia y nuestra promesa»

Proverbios 19.27 nos da la respuesta de una manera directa y clara: «*Hijo mío, deja de atender la enseñanza que te hace divagar de las palabras del conocimiento*». *(RVR 2015)* Desde un principio, Dios dijo al hombre que no participase del fruto del conocimiento del bien y del mal. **Obviamente, la razón era porque Él, Su palabra, es la única fuente de verdad; de allí que al escuchar lo que Él dice y obedecer Sus palabras, se está**

Capítulo 8 La importancia de nuestras palabras

caminando en el verdadero conocimiento. La forma en que el enemigo consiguió que el hombre dejara de caminar en el conocimiento de Dios, o sea, que divagase de él, fue por medio de presentar otra enseñanza, otras palabras. Adán y Eva oyeron esa enseñanza y divagaron del verdadero conocimiento. Hoy en día sigue siendo igual. La Biblia es la Palabra de verdad, la única fuente del conocimiento y quien se considere «Hijo» para Dios, deberá dejar de oír enseñanzas que restan veracidad a lo escrito, que añaden razonamientos humanistas o que contradicen directamente lo expresado en ella. De lo contrario «divagará» como el pueblo en el desierto que nunca entró a la tierra prometida y provocó la ira de Dios. En el aspecto de prosperidad y libertad financiera, las palabras de conocimiento dicen que Dios quiere que prosperemos, que seamos cabeza y no cola. Que demos prestado y no pidamos prestado. Que dejemos herencia a nuestros hijos. Que es Dios el que da el poder para hacer las riquezas. Que es la bendición de Jehová la que enriquece y no añade tristeza con ello. Que, si trabajamos, Dios prosperará nuestra obra, etc. Entonces, dejemos de oír las palabras que nos hacen divagar de ese conocimiento y poseamos nuestra herencia y nuestra promesa.

Después de citar el texto donde Jesús menciona que debe estar en los negocios de Su Padre y aclarar que ese hablar de Jesús con orientación a negocios, no es inconsistente con el resto de su mensaje; Dennis comenta:

Jesús dijo que nos haría pescadores de hombres. ¿De qué se están alimentando los peces? Los peces no están picando mucho en planes de retiro, eso se los digo con seguridad; ellos están alimentándose con los asuntos prácticos de la vida tales como estos:

1. *¿Cómo puedo proveer mejor para mí y mi familia?*

2. *¿Cómo puedo vivir en seguridad y protegerme, proteger a mi familia y mi propiedad de la violencia, el robo, confiscación y colapso social?*

3. *¿Cómo puedo hacer y mantener relaciones verdaderas y significativas?*

4. *¿Cómo puede el sistema en el que vivo proveer seguridad, justicia y oportunidad económica?*

Éstas son las preguntas que las personas en toda la tierra están haciendo y precisamente la clase de preguntas que nosotros los cristianos no estamos contestando». (Peacocke 1995, pág.xiii)

La parte final de las palabras de Dennis debe confrontarnos, pues Jesús instituyó la Iglesia, precisamente para proclamar buenas nuevas aquí y ahora. Cuando Jesús regresó al lugar donde había crecido y entró a la sinagoga, tomó el libro de Isaías y citó la porción de que el Espíritu de Dios estaba sobre Él para anunciar buenas nuevas a los pobres. Ahora permíteme tomar una porción del libro <u>Si yo fuera rico</u>, también escrito por mí persona.

¿Qué pueden ser buenas nuevas para un pobre? Permíteme decirte antes que nada que tengo claro que de nada aprovecha al hombre ganar todo el mundo y perder su alma (Mateo 16.26); que es insensatez querer acumular posesiones materiales y esperar que ellas den seguridad (Lucas 12.16–20); que se puede tener riquezas materiales, cumplir con la "forma" de la ley y de todos modos alejarse triste de Jesús y no poder seguirle (Mateo 19.16–22); que una raíz de todos los males es el amor al dinero. (1 Timoteo 6.10) En fin, que quienes ponen su confianza en el dinero están destinados a la ruina final y a la condenación eterna. Ahora bien, todo eso no debe mal interpretarse como que Dios no quiera que la gente prospere aun financieramente o como que tiene algún mérito mayor ser pobre. ¡No! La Biblia dice claramente que la pobreza es consecuencia de ignorar o desobedecer la voluntad de Dios, y que, si no se prospera económicamente, no es porque Dios no quiera, sino porque las personas no quieren seguir sus instrucciones claras al respecto.

Capítulo 8 La importancia de nuestras palabras

Regresemos a la pregunta que planteamos antes: ¿Qué son buenas nuevas para el pobre? Obviamente, es salir de su situación económica de pobreza y poder valerse por sí mismo. Nota que menciono valerse por sí mismo, porque si se piensa que buenas nuevas para el pobre es que se le dé dinero, contradecimos el diseño de Dios de descubrir lo que implica ser creados a imagen de Dios para cumplir la comisión de administrar Su propiedad como fieles mayordomos. Por lo tanto, las buenas nuevas para el pobre, aunque implican proveerle los recursos económicos indispensables para sustento y abrigo temporalmente, deben también incluir el enseñarle cómo valerse por sí mismo. Proveerle una oportunidad para que, a través del trabajo honrado y diligente, provea para sí y los suyos, adquiriendo no solo la libertad de la pobreza, sino que también la dignidad de saberse capaz y responsable de cumplir con sus compromisos y responsabilidades». (Velásquez 2018, págs. 60–63)

La condición económica de las personas pobres les produce tal presión que no tienen tiempo de preocuparse si van a ir al cielo o no, porque toda su atención está ocupada en ver cómo suplir sus necesidades inmediatas y de grande peso. Pretender decirle: «No se preocupe por eso, lo que cuenta es ir al cielo», **no es un evangelio de buenas nuevas, sino uno de los mayores estorbos al cumplimiento de la gran comisión.** ¿En qué forma? En que mucha gente ha creído esa verdad a medias y se acomodan o se conforman con la idea de sufrir necesidad y pasar una vida limitada mientras se van al cielo, donde finalmente tendrán su recompensa. Estas personas realmente no han oído el verdadero evangelio o buenas nuevas de Jesucristo; lo que han hecho es cambiar de religión y, consecuentemente, lo único que pueden reproducir es esa «imitación» de buenas nuevas, que definitivamente no es cumplir la gran comisión.

En todos los lugares donde hemos ministrado a familias, las tres áreas que se manifiestan como raíz de sus dificultades son: problemas financieros, el área de sus relaciones sexuales y falta de comunicación. Pero por lo general, son las finanzas las que entorpecen las otras dos. Así que no me digan que no necesitamos mejorar nuestras finanzas para mejorar nuestros matrimonios. Regresaremos a considerar esas preguntas más adelante. Por ahora, sigamos elaborando la necesidad de cambiar nuestra forma de pensar en cuanto a las riquezas y la libertad financiera. Solo así podremos hablar palabras de verdad, palabras que no contradigan la voluntad de Dios y que, sobre todo, no estén en contra nuestra para mantenernos esclavizados.

Hagámonos unas preguntas:

Ya con esos elementos de juicio, podemos declarar que el pan nuestro es lo que sea necesario a fin de establecer el Reino de Dios y llegar a ser propietarios de la herencia que Él quiere darnos si somos diligentes en trabajar. Si esa declaración todavía no está clara, considerémosla por medio de responder unas preguntas que en forma gradual nos lleven a afrontar nuestra responsabilidad ante Dios. Sabemos que cuando Cristo venga, nos va a preguntar cómo administramos lo que nos confió. A manera de prepararnos para responder, hagamos algo semejante a lo que hacen en algunas escuelas previo a un examen: Les dan a los alumnos cuestionarios o preguntas que sirvan de guía y a la vez de autoevaluación para que sepan qué áreas tienen que fortalecer. Tomemos algunas preguntas de autoevaluación y veamos cómo estamos.

Pregunta No. 1

¿Qué necesito para estar en la voluntad de Dios y establecer Su Reino y justicia en mi vida personal?

Como lo más importante es mantener una actitud correcta, primero debo aprender a estar contento cualquiera que sea mi situación, en abundancia o escasez. Desde luego, debo ser diligente en trabajar para que Dios pueda bendecir la obra de mis manos, y procurar mejorar mi situación. Quien no tenga una actitud de gratitud por el trabajo, sino lo mire como una

Capítulo 8 La importancia de nuestras palabras

carga, no está poniendo sus prioridades en armonía con las de Dios, porque fue Dios quien creó el trabajo, y Jesús dice que el Padre aún está trabajando, y Él también.

Pregunta No. 2

¿Qué necesito para cumplir mi función específica en la familia?

Aquí ya debo venir con la actitud correcta de contentamiento, pero debo añadir la responsabilidad que Dios me pone de proveer para los míos, como es:

1. La educación y el bienestar social. Esto es responsabilidad de la familia, no del Estado;

2. La Biblia dice que los padres son los que dejan herencia a los hijos. ¿Tengo los recursos para dejar los medios necesarios para que mis hijos puedan iniciar y desarrollar su vida?

Es sumamente importante diferenciar entre la actitud personal de contentamiento y la responsabilidad familiar. Quien aprende a estar contento aun cuando no tiene para suplir sus responsabilidades familiares, descuidará el esforzarse por salir adelante y de todos modos será hallado falto, al ser pesado en la balanza.

Toda riqueza duradera viene a través de la unidad familiar y se edifica generacionalmente. El diseño de Dios habla, por lo menos, de tres generaciones trabajando como unidad. También las instrucciones de la educación y las finanzas se expresan en el contexto de tres generaciones. Consecuentemente, el ataque del enemigo se dirige a romper esa continuidad en las instituciones de la Familia, Iglesia y Estado. Dennis explica en su libro que John Maynard Keynes, padre del sistema económico estadounidense, no era un hombre de familia; era un homosexual que no pensaba en los niños y su futuro.

Sus políticas de impuestos, gastos e inflación que se pensaron

Libertad financiera a la luz de la Biblia

buenas en el tiempo que él las presentó, han mostrado que a lo largo están siendo la muerte financiera de la nación. (Peacocke 1995, pág. 35)

La herencia bíblica es condicional para asegurar el que se tenga que trabajar armoniosamente entre las generaciones. Una forma de saber si se ama a los hijos es aprendiendo cuál es su plan para dejarles herencia. Una buena pregunta ante este punto es: ¿Cómo hacer para que la familia se involucre, con entendimiento, en desarrollar una riqueza duradera, no solamente ganar el sustento diario? Mostrándoles el plan eterno de Dios y la razón de las riquezas, lo cual explicaremos en breve.

Pregunta No. 3

¿Qué necesito para desarrollar y usar las herramientas, talentos, dones, etc., que Dios me ha dado para cumplir mi función en la iglesia?

Los pensamientos, expresados en palabras, gobiernan nuestras acciones

Consideren como ejemplo la restauración de la alabanza. Se necesita dinero para grabar un video, luego reproducirlo y distribuirlo; de lo contrario, esa bendición no llega a los confines de la tierra donde Dios quiere que se restauren todas las cosas. ¿Qué de la impresión de libros y otras herramientas de equipamiento? Yo tengo varios escritos que no se pueden publicar todavía básicamente por falta de recursos económicos. Como parte de la nación que soy, ¿qué necesito para ser luz y sal de ella? Mi actitud y mi corazón, por muy sanos y correctos que estén, no pueden ser vistos por los hombres. Es cierto que Dios ve el corazón, pero los hombres no; así que para ser luz y sal para los hombres, debe de haber evidencias externas de la prosperidad interna, como dice Santiago 2.18: «*Muéstrame tu*

Capítulo 8 La importancia de nuestras palabras

fe sin tus obras y yo te mostraré mi fe por mis obras». (RVR1960) Por lo tanto, puesto que ya vimos la esencia o naturaleza de las riquezas, pasemos a considerar la razón de ellas.

PARA MEDITAR

1. Las palabras muchas veces expresan lo que hemos escuchado con anterioridad; si es así, ¿qué clase de información has estado recibiendo?

2. ¿Es esa información consecuente con el «escrito está» de la Palabra de Dios o es contraria a ella?

3. ¿Qué resultado crees que conllevará?

Libertad financiera a la luz de la Biblia

Capítulo 9
El poder de Dios, nuestra oportunidad

El poder...

En los capítulos anteriores, afirmé que es necesario conocer la verdad sobre dos cosas para ser libres financieramente: Una es la naturaleza del dinero y la otra es saber para qué se necesita o se adquiere el dinero. Ya expliqué sobre la naturaleza del dinero, por lo que ahora escribiré sobre el otro punto, o sea para qué se necesita o se adquiere el dinero. Deuteronomio 8.18 dice: «*Sino acuérdate de Jehová tu Dios, porque él te da el poder para hacer las riquezas, a fin de confirmar su pacto que juró a tus padres, como en este día*». (RVR1960) Si logré transmitirte el concepto que el trabajo, desde la perspectiva bíblica, es el método que Dios usa para equiparnos, entrenarnos y capacitarnos para reinar con Él, será más fácil entender que Dios no nos dará ninguna riqueza sin que pasemos por el proceso de trabajar para adquirirla. Fue Dios quien diseñó el proceso y provee los elementos necesarios para su desarrollo, y como resultado o producto final, vienen las riquezas.

¿Qué significa la palabra «poder» que se indica en Deuteronomio 8.18? En el idioma original, es la palabra *koach*, cuyo significado básico es una capacidad para hacer algo. Podemos decir, entonces, que un terreno tiene *koach*, si tiene «facultades o poder» para producir una cosecha.

La definición de *koach*, o «poder», se explica bien en la descripción de Daniel y sus amigos: «... *a jóvenes en quienes no hubiese ningún defecto, bien parecidos, instruidos en toda sabiduría, dotados de conocimiento, poseedores del saber y capaces para servir en el palacio del rey; y que les enseñase la escritura y la lengua de los caldeos». (Daniel 1.4 RVA-2015)* La «capacidad» aquí no es física, sino mental. Ellos eran talentosos en tener la perspicacia intelectual de aprender las habilidades de los babilonios y así ser entrenados para ser consejeros del rey.

«La fortaleza interna se demuestra mejor por la forma de lidiar con las dificultades y las frustraciones de la vida»

La fortaleza interna se demuestra mejor por la forma de lidiar con las dificultades y las frustraciones de la vida. Un hombre fuerte resiste tiempos y circunstancias duras. El proverbio sostiene esta enseñanza importante: *«Si desmayas en el día de la dificultad, también tu fuerza se reducirá». (Proverbios 24.10 RVA-2015)* Un sentido especial de *koach* es el significado de propiedad: **«Los resultados de 'capacidades' natas, el desarrollo de dones especiales (Hechos 1.8) y la manifestación de una 'fortaleza' conduce frecuentemente a la prosperidad y riquezas».**

El diccionario aclara en su definición, que el poder que Dios da para hacer las riquezas es algo tan natural que puede confundirse con el esfuerzo y las habilidades propias, porque éstas son necesarias para desarrollar ese poder. Esto es tan vital de entenderse, que insisto en repetirlo: **Dios tiene un diseño**

Capítulo 9 El poder de Dios, nuestra oportunidad

para prosperar a todo el que quiera ser próspero. Ese diseño conlleva el proceso de trabajo y desarrollo de habilidades, capacidades natas y carácter; cosas que no se consideran especiales o espirituales, sino comunes y disponibles para todos los que estén dispuestos a desarrollarlas y aplicarlas en el trabajo, en la familia, en la vida personal y en los asuntos sociales. Entonces, basado en ese entendimiento del significado de la palabra *koach,* cuando dice que Dios da el poder para hacer la riqueza, podemos darnos cuenta de que implica un proceso de desarrollo en el que depende de que seamos diligentes y tomemos las oportunidades que se nos presentan, trabajando conscientemente, para que, como resultado o consecuencia, alcancemos la riqueza.

«...depende de que seamos diligentes y tomemos las oportunidades que se nos presentan, trabajando conscientemente, para que alcancemos la riqueza»

Un comentario sobre el diezmo

Puesto que el acondicionamiento religioso es tan fuerte, será necesario enfatizar y contrastar algunos elementos de valor bíblico que se espiritualizan fuera de proporción, en una forma incorrecta, y por lo mismo traen frustración y confusión. ¿A qué me refiero? Muchos cristianos quieren que Dios les multiplique el dinero por el hecho de diezmar, ofrendar y ayudar a los pobres, o por mandar ofrendas a ciertos ministerios radiales y/o televisivos, etc. Aunque esas disciplinas tienen su propia recompensa, no son el diseño de Dios para hacer riquezas y dejar herencia a los hijos, pero el trabajo sí es el método original de adquirir propiedad y fructificar. Consideremos algunos textos bíblicos bastante conocidos que se interpretan erróneamente y, por lo tanto, no se obtienen los resultados prometidos. Comencemos por el versículo tan conocido de Malaquías 3.10:

«Traed todos los diezmos al alfolí y haya alimento en mi casa; y probadme ahora en esto, dice Jehová de los ejércitos, si no os abriré las ventanas de los cielos y derramaré sobre vosotros bendición hasta que sobreabunde». (RVR1960)

Antes de señalar la interpretación bíblica de este pasaje, te pregunto: ¿Conoces a personas que dan el diezmo y que no tienen abundancia en sus finanzas? Si somos honestos la respuesta es sí. Es más, ¿das el diezmo? ¿Tienes abundancia financiera? Veamos la interpretación correcta: Dios dice que Él derramará bendición hasta que haya abundancia. ¿Cumple Dios su Palabra? Definitivamente sí. Entonces, ¿qué pasa? ¿Por qué hay personas fieles que dan el diezmo con tan escasos recursos?

La respuesta implica básicamente dos aspectos:

1. El primero es que, aunque Dios nos da la abundancia, pues su palabra así lo dice en 1 Timoteo 6.17, nosotros la podemos desperdiciar o dejarla pasar por ignorar en qué forma envía Dios la bendición.

2. El segundo aspecto es la necesidad del entendimiento que la forma en que Dios bendice, mantiene armonía con el contexto de las escrituras.

«...el trabajo es el método o forma en que Dios nos bendice...»

¿Qué significa eso? En primer lugar, debemos tener claro que el trabajo es el método o forma en que Dios nos bendice. Dios no va a abrir las ventanas de los cielos y derramar dinero o cosas materiales, en una manera literal, hasta que sobreabunde. Eso contradiría el contexto de la Biblia y frustraría el proceso de entrenamiento y madurez que el trabajo da. Por lo tanto, lo que necesitamos es entender la forma en que Dios nos bendice.

Capítulo 9 El poder de Dios, nuestra oportunidad

A través de este estudio y respetando el contexto de la Biblia, veremos que lo que Dios hace es darnos los medios, oportunidades y capacidad para hacer las riquezas, pero depende de nosotros el reconocerlas y usarlas para poder obtener la bendición.

La Biblia enseña claramente que la razón primordial del diezmo es para que aprendamos a temer a Jehová *(Deuteronomio 14.22-23 RVR1960)*: «*Indefectiblemente diezmarás … para que aprendas a temer a Jehová tu Dios todos los días*». Ahora, ve la consistencia y complemento de las Escrituras. Al ser fiel en la dádiva del diezmo, se aprende a temer a Dios. «*Riquezas, honra y vida son la remuneración de la humildad y del temor de Jehová*». *(Proverbios 22.4 RVR1960)*

Adicionalmente, lo que Dios está ofreciendo al serle fiel en los diezmos es «*derramar su bendición*». Proverbios 10.22 dice: «*La bendición de Jehová es la que enriquece, y no añade tristeza con ella*». *(RVR1960)* **En otras palabras, Dios sí es fiel y cumple lo que promete; nos da la materia prima, los medios, las oportunidades y las herramientas para que alcancemos las riquezas y la libertad financiera, pero no hace el trabajo por nosotros**. El problema con la mayoría de los que leen estos pasajes es que esperan que Dios les dé el resultado final, o sea las riquezas, y es por eso que, aunque son fieles en la primera parte, por ignorancia del proceso seguido, pierden la oportunidad de disfrutar las bendiciones de Dios. Veamos otro texto en el libro de Proverbios: «*En el barbecho [campo arado] de los pobres hay mucho pan; más se pierde por falta de juicio*». *(Proverbios: 13.23 RVR1960)* La declaración anterior es trascendental, ya que nos aclara que **el pobre es pobre no por falta de recursos, sino por ignorar cómo usarlos o desarrollarlos**. ¿Te das cuenta de lo que eso implica? No hay tal cosa como: «escasez de recursos naturales», no estamos en una condición de: «la tierra ya no produce suficiente», ni ninguna de las otras explicaciones que se dan para la escasez y pobreza que existe en el mundo.

Ahora bien, ese versículo dice que es **«*la falta de juicio*»,** la causa que el pobre no salga de su pobreza, por lo que conviene estudiar un poco sobre **qué es el juicio**. Para ello, veamos la definición que el diccionario Webster de 1828 da al respecto: «La facultad de la mente por medio de la cual el hombre es capaz de comparar ideas y comprobar las relaciones de términos y propuestas; como un hombre de juicio claro o juicio sano. El juicio puede ser predispuesto por el prejuicio. El juicio suple la necesidad de conocimiento seguro. Es la determinación de la mente, formada por medio de comparar la relación de ideas o la comparación de hechos y argumentos. En la formación de nuestros fallos, nosotros deberíamos tener cuidado de sopesar y comparar todos los hechos conectados o relacionados con el tema».

«En Romanos 12.2, se nos llama a renovar nuestra forma de pensar...»

De la definición anterior, permíteme recalcar algunos de los términos mencionados para llamar tu atención a ellos: **«comprobar las relaciones de términos y propuestas»**. Nota que se nos llama a comprobar algo, no solamente suponer o asumir que las cosas son de una u otra forma. Comprobar es: «Evidenciar, establecer o asegurar como verdad, realidad o hecho, por medio de testimonio u otra evidencia. El acusador, en un juicio, debe comprobar la verdad de su declaración; el fiscal debe comprobar sus cargos en contra del acusado». Considera la importancia de esa sola palabra en relación a los argumentos que se dan para justificar la pobreza o el estado de mediocridad. El humanismo y la religiosidad presentan varios argumentos en relación al porqué es que el pobre es pobre, y en todos ellos atribuye la causa a circunstancias ajenas al pobre, así: «La culpa la tiene la sociedad, el gobierno, la ecología, etc.». Pero nunca señala a «la falta de juicio» del pobre como la responsable de su pobreza. En Escocia, donde la ayuda social se vuelca a favor del pobre, y en el sistema de «Bienestar Social» de EE.UU., se demuestra que, en lugar de solucionar el problema, lo están agravando, porque no tratan con la causa, sino con síntomas. Eso solo produce el efecto de la mitológica medusa: mientras más síntomas atacan, más crecen en su lugar.

En el versículo de Romanos 12.2 se nos exhorta a hacer algo para poder comprobar la voluntad de Dios. Se nos llama a *«renovar nuestra forma de pensar»* y la razón del llamado es para evitar que nuestro juicio esté predispuesto por el prejuicio. ¿Por qué quiere Dios que evitemos el prejuicio? Porque el prejuicio es una opinión establecida basada en cualquier cosa, sea buena o mala, de allí que al final de la definición de juicio nos aconseja que: «En la formación de nuestros fallos, nosotros deberíamos tener cuidado de sopesar y comparar todos los hechos conectados o relacionados con el tema».

¿Por qué el pobre es pobre?

Con la explicación anterior, concluimos que el pobre no es pobre por falta de recursos, sino por falta de conocimiento o juicio en cuanto a cómo trabajarlos, usarlos o explotarlos. La pregunta lógica ahora es: ¿Y por qué el pobre tiene falta de juicio? La respuesta la encontramos en Proverbios 1.20–22 donde se personifica a la sabiduría reclamando la negligencia de la gran mayoría que no quiere dar los pasos sencillos para disfrutar de su bendición. Veamos a quienes menciona: *«La sabiduría clama en las calles, alza su voz en las plazas; clama en los principales lugares de reunión; en las entradas de las puertas de la ciudad dice sus razones. ¿Hasta cuándo, oh simples, amaréis la simpleza, y los burladores desearán el burlar, y los insensatos aborrecerán la ciencia?». (RVR1960)*

Un hombre falto de juicio cae en la categoría de simple, burlador e insensato. También es un hombre negligente, ya que lo único que necesita es pedir la sabiduría a Dios, sin dudar, con fe, y Dios la dará abundantemente. *(Santiago 1.5)*

Veamos ahora lo que dice Proverbios 12.11: *«El que labra su tierra se saciará de pan; mas el que sigue a los vagabundos es falto de entendimiento». (RVR1960)* Relacionando los dos pasajes, concluimos que el campo del pobre no produce pan porque no es labrado, porque no lo trabaja, y no lo trabaja por seguir a los vagabundos. La palabra «vagabundo», también se traduce como: «vano o vacío, que carece de valor verdadero». Es tan importante el tema, que el Espíritu Santo se encarga de repetirlo en Proverbios 28.19 y nos presenta otra palabra o forma en la que se pierde el juicio o buen entendimiento: *«El que labra su tierra se saciará de pan; más el que sigue a los ociosos se llenará de pobreza». (RVR1960)* Debes tener claro que el vagabundo y el ocioso son personas carentes de propósito, pero no significa que no sean inteligentes. De hecho, la mayoría de los vagabundos y ociosos se las ingenian para sobrevivir a expensas de otros. La primera mención que se hace de esta clase de gente en la Biblia es en el libro de Jueces capítulo 9, cuando Abimelec contrata precisamente a hombres ociosos y vagabundos para formar su pequeño ejército con el cual matar a todos los herederos del rey—sus propios hermanos—y quedarse así con el trono. Esos hombres aceptan esa clase de «trabajo» porque no les requiere responsabilidad ética ni moral; no hay ninguna disciplina ni responsabilidad personal. Obviamente, tampoco requiere carácter y diligencia, ni nada de los atributos y resultados que el verdadero trabajo produce y desarrolla, aunque sí requiere cierto esfuerzo y energía.

El punto en consideración es que Dios nos da medios y oportunidades para tener abundancia. Pero por no ser diligentes en aplicar los principios bíblicos de examinarlo todo y retener lo bueno, por no juzgar las cosas de acuerdo a la verdad de Dios, por escuchar el consejo de personas carentes de fruto y autoridad moral para aconsejar, y por querer medios de enriquecerse rápido y no a través del trabajo, se cae víctima de los explotadores o se es negligente en desarrollar las oportunidades y medios que Dios ya ha puesto a nuestro alcance. Permíteme aclarar eso de carentes de autoridad moral, pues me temo que se podría considerar que me refiero a personas corruptas, y no es así. Pueden ser personas muy correctas y morales en los demás aspectos de su vida. Como ilustración le presentaré mi

Capítulo 9 El poder de Dios, nuestra oportunidad

propio testimonio. La mayoría de mis enseñanzas son basadas en vivencia personal. Al hablar de vida matrimonial, tengo el fruto que respalda lo que digo. De igual manera, al hablar de la educación de los hijos y de responsabilidad personal; pero en una ocasión en que Jim Durkin (reconocido apóstol y fundador de Gospel Outreach, de donde surgió Ministerios Verbo), estaba hablándonos a los líderes de G.O. y Verbo, citó el texto: *«El hombre bueno deja herencia a los hijos de sus hijos». (Proverbios 13.22 NBLH)* Derivado de esta enseñanza, concluí que, en el aspecto de dejar herencia material, yo no tenía autoridad moral para enseñarlo a otros, porque no tenía el fruto o evidencia práctica en mi vida, y eso me restaría autoridad. Y a eso es a lo que me refiero al decir consejo de personas sin autoridad moral. Son personas que dan un consejo, pero se basan en lo que han oído o en una experiencia personal, en la que no han cumplido con los requisitos de algo. Por lo tanto, no han tenido éxito en ello, y para justificarse, señalan la empresa, el producto o el sistema como ineficiente. Luego aconsejan a otros como si fueran eruditos y autoridades en la materia. ¿Conoces personas de esa clase?

Volviendo al comentario sobre los diezmos, te puedo decir que **Dios sí es fiel y cumple su Palabra; abre las ventanas de los cielos y derrama bendición, oportunidades, medios, recursos, etc., que al ser diligentes en desarrollarlos y trabajarlos producirán riqueza.** Esa verdad se diluye, se distorsiona y se hace nula por medio de conceptos religiosos, contrarios a la clara enseñanza bíblica, cuando se proclama desde los púlpitos, la radio, la televisión y diferentes libros, que por el solo hecho de llevar los diezmos o dar ofrendas a ciertas personas, programas e instituciones, Dios les va a enviar riqueza o al menos les multiplicará lo que dieron. Esa ha sido la táctica del enemigo desde el principio. Fue la tentación que puso a Adán al decirle que podía llegar a la misma meta que Dios tenía para él, sin tener que pasar el proceso de aprender a trabajar la tierra y sojuzgarla; solo tenía que comer del fruto del conocimiento y sería como Dios. Fue esa misma táctica la que usó con Jesús, el postrer Adán, cuando le dijo que podía recuperar la autoridad sobre los reinos de este mundo, que también era la voluntad de Dios, pero sin tener que sufrir la muerte para adquirirlo. *Observa que, en ambos casos, lo que el enemigo ofrece es lo mismo que Dios.* **No pretende llevarle la contraria a Dios en cuanto al resultado final, pero sí en cuanto al medio o forma de cumplimiento.** Por lo tanto, no debe de extrañarnos que hoy en día, siga usando el mismo sistema de decirle a la gente que Dios desea que sean prósperos en todo; que por eso solo necesitan tener fe y Dios les va a dar toda clase de bendición, obviando una vez más, el elemento de trabajar de acuerdo a la Palabra de Dios para obtener esas bendiciones.

Jesús confrontó esa mentalidad, según está narrado en Mateo 15.2-9. Las personas pretendían estar honrando a Dios por medio de consagrar sus posesiones a Dios, lo que les impedía tomarlas para ayudar a sus padres. Cualquiera pensaría que quien hace esto es digno de Dios, pero esa sería una interpretación religiosa conforme a tradición de hombres, ya que al hacer esto, violaban el mandamiento de honrar a padre y madre. Por lo tanto, Jesús les llamó hipócritas y declaró que esa honra que le daban a Dios era *vana:* vacía, carente de propósito o significado. ¿Por qué llamó la atención a eso? Porque es precisamente el mismo caso de los pobres que teniendo abundancia de pan, la pierden por falta de juicio. ¿En qué forma? El mandamiento de honrar a padre y madre tiene como promesa que le irá bien y tendrá larga vida. *(Efesios 6.2)* Esa sería la abundancia de pan del texto anterior; pero al violar ese mandamiento por pensar que se está siendo espiritual, cuando en realidad se es falto de juicio, no solo no se honra a Dios, sino que se pierde la promesa de bienestar y larga vida. Lo mismo cuando se dan ofrendas, pensando que por ese hecho Dios se las va a multiplicar al treinta, al sesenta y al cien por ciento, según se encuentra en la Biblia. Confío que te puedas dar cuenta que, aunque esa palabra es verdad, por dejarse llevar de tradiciones religiosas que toman una verdad aparente, basándose en la sinceridad con que lo hacen, no se detienen a considerar si se viola un claro mandato de la Biblia. Por lo tanto, no reciben bendición. Tomar textos aislados de algo

Capítulo 9 El poder de Dios, nuestra oportunidad

que se hizo como excepción y tratar de formar una doctrina de ellos, cuando claramente contradice una dirección bíblica, es vano. La Biblia dice claramente que él que no provee para los de su casa es peor que un incrédulo y ha negado la fe. *(1 Timoteo 5.8)* Tú me dirás: ¿Y qué de la ofrenda de la viuda que dio todo lo que tenía, todo su sustento, y Jesús la alabó por eso? *(Marcos 12.41–44)* Ese pasaje es precisamente uno de los más usados por predicadores para exhortar a que tengan fe como esa viuda y den, no de lo que sobra o se tiene, sino que aún de su propia necesidad. Dios puede tocar el corazón de alguna o algunas personas para que desarrollen esa clase de fe y las puede bendecir abundantemente; puede multiplicarles su ofrenda al cien por ciento y más. **Pero el punto es que esos son casos aislados; son excepciones a la regla que, si se practican influenciados por una prédica o motivados por el testimonio de otra persona, no tienen la garantía ni aprobación de Dios.** Más aun cuando el que toma tales decisiones es un hombre casado o una persona responsable del sustento de otros y les limita de ese sustento, por muy poco que sea, esperando el resultado de una «lotería espiritual».

Esas palabras de Jesús, declarando que la tradición de hombres se ha hecho tan fuerte que contradice la misma Palabra de Dios, debe llamar nuestra atención para evaluar cuidadosamente por qué creemos lo que creemos. Si no podemos corroborarlo con el contexto o mensaje general de la Biblia, seamos honestos con nosotros mismos y démonos cuenta de que no hemos escudriñado las escrituras, sino que únicamente estamos siguiendo doctrina de hombres. Considera este ejemplo de la oruga conocida científicamente como «Procesionaria», precisamente porque siempre van en procesión una detrás de la otra. Se hizo un experimento en el que se pusieron estas orugas formando un círculo, de tal manera que al seguirse las unas a las otras, la primera terminó siguiendo a la última, y únicamente estaban dando vueltas en el mismo lado sin ir a ninguna parte y así estuvieron por horas y hasta un día entero. Al siguiente día, que ya estaban muy cansadas y hambrientas, les pusieron semillas de girasol en el centro de su círculo, su comida favorita. Pero a pesar de su hambre y necesidad, las orugas no se salieron de su formación para ir a comer, sino que siguieron su rutina hasta que cayeron muertas. De ellas podríamos decir que en su «barbecho» había abundancia de pan, pero por no tener el juicio de cuestionar por qué seguían al que seguían, se perdió el pan y todas murieron.

Desafortunadamente, algo similar al ejemplo anterior está pasando con una gran cantidad de personas en la actualidad. Tienen necesidad de salir de la pobreza en que se encuentran, pero siguen una tradición religiosa que les hace pensar que no deben cambiar su rutina, que deben seguir haciendo lo que han venido haciendo por toda la vida, y creen que algún día las cosas van a cambiar. Claman a Dios que les ayude y Dios, fiel a Su Palabra, les derrama «bendición» en medio de sus circunstancias, pero para aprovechar estas bendiciones, se requiere el trabajo de salirse de la rutina, de la tradición, del círculo religioso para ir y tomar esa bendición. La salida del círculo implica que hay que trabajar para desarrollar las oportunidades que Dios envía y a través de las cuales quiere que prosperemos. No obstante, como eso requiere un cambio de mentalidad, al igual que las orugas, muchos prefieren seguir en su círculo tradicional religioso. Continúan en la pobreza, orando y esperando otra clase de respuesta de acuerdo a su concepto religioso, en lugar de detenerse y escudriñar las Escrituras, como los de Berea *(Hechos 17.10–11)*, para ver si lo que han aprendido es correcto a la luz de la Biblia.

Cuando no se tiene una meta a donde ir, sino que solo se sigue una rutina porque ya se aceptó como lo normal, es hacer exactamente lo mismo que hacen las orugas; es decir, seguir la tradición que reprendió Jesús. Pregúntate: ¿Qué será de ti de aquí a cinco años? ¿Qué estás haciendo para evitar que tan solo seas cinco años mayor y sigas en la misma condición? Las cosas no cambian por sí mismas. ¿Sabías que una muy buena definición de demencia es: «seguir haciendo lo mismo y esperar resultados diferentes»? Lo triste del caso es que la mayoría de las personas siguen limitadas, frustradas o autoengañadas por

Capítulo 9 El poder de Dios, nuestra oportunidad

su conformismo, cuando sí hay oportunidad y medios para salir adelante; para triunfar y ser prósperas en todo, sin importar nuestra condición actual, ni nuestra educación, raza, cultura, idioma, sexo, etc. Aunque pueden ayudar y mejorar nuestra forma de desarrollarnos y expresarnos, no son requisitos incondicionales para tener éxito.

Debemos entender que Dios nos da la oportunidad, los medios y las herramientas para hacer las riquezas, pero nosotros tenemos que hacer algo: **Trabajar.** Un buen ejemplo de esto es el pasaje de Mateo 6.26: «*Mirad las aves del cielo, que no siembran, ni siegan, ni recogen en graneros; y vuestro Padre celestial las alimenta. ¿No valéis vosotros mucho más que ellas?*». *(RVA 1960)* La interpretación que la «tradición de hombres» da a ese texto es que, de alguna manera, Dios va a suplir nuestras necesidades, aunque nosotros no hagamos nada, y que únicamente debemos tener fe. Ahora bien, Jesús nos exhorta diciendo: «*Mirad*» y esa palabra implica prestar atención, considerar, ser diligente en analizar, así que hagamos eso precisamente. Como Jesús nos llama a considerar las «*aves del cielo*», sabemos que no estamos hablando de los pichones que no pueden valerse por sí solos, por lo que les pregunto: ¿Quién de ustedes ha visto algún ave esperando en el nido que Dios le lleve la comida? ¿Me explico? Lo que podemos ver, considerar y analizar es que Dios sí provee la comida para las aves, pero ellas tienen que «*trabajar*» para conseguirla. Dios les da el poder, la oportunidad, los medios y las herramientas, pero ellas tienen que actuar. Es a esto también a lo que alude el Señor Jesús en las distintas parábolas al decir que al que tiene le será dado más, es decir, a los que invirtieron el dinero que les fue dejado, los que trabajaron en su adquisición con el fin de establecer el Reino de su Señor que se había ido, precisamente a recibir el Reino y regresar. Como contraparte, vemos que los que no invirtieron, o sea que no trabajaron, sino que lo guardaron, terminaron perdiendo incluso lo que tenían.

Recuerda que el dinero es la forma material en que se expresa cómo hemos usado nuestro tiempo, energía y talentos, además

Libertad financiera a la luz de la Biblia

de representar nuestro poder adquisitivo y nuestra influencia en la sociedad. En otras palabras, el dinero representa nuestra vida, y la forma en que lo invertimos representa nuestra visión y entendimiento de la misión. Si después de lo anterior, tienes problemas en tu mente, pensamientos conflictivos tales como: «el dinero no es lo más importante», «los que piensan en el dinero son materialistas», etc., es porque tu tradición religiosa es tan fuerte que estás atrapado en ese conformismo. Ten en mente el pasaje de Deuteronomio 8.18 con el que iniciamos este capítulo: *«él te da el poder para hacer las riquezas, á fin de confirmar su pacto»*, (RVA) que es otra forma de referirse a Su ley, Su Reino, Su voluntad. Es decir, regresamos al inicio donde Dios nos dijo: *«Llenad la tierra y sojuzgadla» (Génesis 1.28 RVR1960)* y para eso, en armonía con el principio de que Dios paga por lo que ordena, Él es quien nos da los recursos.

El poder de la mente

El poder de nuestra mente es algo sumamente importante en la adquisición de la libertad. Al respecto, el Dr. Lair Ribeiro dice: **«Nuestro cerebro tiene que aprender a ver las oportunidades, ya que nuestra educación no nos prepara para ello. Los actuales procesos educativos se centran en los problemas y no en las soluciones».** (Ribeiro 2000, pág. 22) Analiza la última parte de esa declaración: «… se centran en los problemas y no en las soluciones». Esa es también la tendencia de la enseñanza tradicional religiosa: Señala lo malo de la condición mundial y declara que irá de mal en peor hasta que llegue el juicio final, o sea, que se centra en los problemas y no en dar soluciones.

Alguien podrá no estar de acuerdo conmigo y decir que los cristianos sí presentan soluciones, ya que se predica que «Cristo es la respuesta», apoyados en versículos que son verdad, pero enseguida, con la aplicación tradicional los hacen nulos. ¿En qué forma? En que hacen creer a las personas que aquí en la tierra únicamente deben esperar bendiciones «espirituales», dejando toda bendición y esperanza de prosperidad material para el futuro, en el cielo. Incluso los cantos, en su mayoría,

Capítulo 9 El poder de Dios, nuestra oportunidad

reflejan ese sentir al posponer la paz, la victoria y las riquezas hasta aquel día glorioso y en aquel lugar distante, donde al final de esta vida, se tendrá la mansión gloriosa y las calles de oro, se enjugará toda lagrima, no habrá más enfermedad, ni muerte, ni dolor, etc. Esa tradición religiosa anula la Palabra de Dios que declara bendición espiritual, física, material y emocional aquí y ahora, siempre y cuando se obedezca la ley de Dios. Jesús también enseñó claramente al respecto, cuando respondió a la inquietud de los discípulos que habían dejado todo para seguirle y Él les aclaró que recibirían abundantes bendiciones materiales aquí en la tierra.

Otro aspecto importante de estudiar en este capítulo es el significado de la palabra «riquezas» en ese texto de Deuteronomio 8.18 o sea *chayil* en su lenguaje original: «Probablemente una fuerza, sea de hombres, medios u otros recursos, un ejército, riquezas, virtud, valor».

Te exhorto a que consideres la belleza y la amplitud, la abundancia y la variedad de oportunidades que Dios nos da, por medio de leer algunos textos que usan esa misma palabra hebrea, pero que la describen en sus diferentes significados. Para que tengas claro el mensaje de cada texto, voy a subrayar y a colocarle **negrilla** a la palabra en español que es la traducción de la palabra *chayil* en hebreo y añadiré el significado que el diccionario Webster da a cada palabra. Conforme vayas leyendo, ten en mente que: Dios da el poder, la oportunidad para hacer o adquirir…, luego coloca el significado de cada una de las palabras, según las da el diccionario y considera el impacto y la magnitud de esa declaración.

*Génesis 47.6: «La tierra de Egipto está delante de ti. En lo mejor de la tierra haz habitar a tu padre y a tus hermanos; habiten en la tierra de Gosén. Y si juzgas que hay entre ellos hombres **aptos**, ponlos como mayorales de mi ganado». (RVA-2015)*

Aptitud: «Una disposición natural o adquirida para un propósito particular o una tendencia para una acción o efecto particular».

Éxodo 14.9: «Los egipcios los persiguieron con toda la caballería, los carros del faraón, sus jinetes y su **ejército**; y los alcanzaron mientras acampaban junto al mar, al lado de Pi-hajirot, frente a Baal-zefón». (RVA-2015)

Ejército: «Una colección o cuerpo de hombres armados para la guerra y organizados en compañías, batallones, regimientos, brigadas y divisiones bajo sus oficiales apropiados».

Éxodo 18.21: «Pero selecciona de entre todo el pueblo a hombres **capaces**, temerosos de Dios, hombres íntegros que aborrezcan las ganancias deshonestas, y ponlos al frente de ellos como jefes de mil, de cien, de cincuenta y de diez». (RVA-2015)

Capacidad: «Poder activo o habilidad».

Números 24.18: «También Edom será conquistada; Seír será conquistada por sus enemigos. Pero Israel hará **proezas**». (RVA-2015)

Proeza: «Un hecho heroico, un evento de renombre, un logro grande o noble».

Deuteronomio 3.18: «En aquel tiempo les mandé diciendo: 'El SEÑOR su Dios les ha dado esta tierra para que tomen posesión de ella. Todos los **valientes** cruzarán armados delante de sus hermanos, los hijos de Israel». (RVA-2015)

Valiente: «Primeramente, fuerte, vigoroso en cuerpo, bravo, con coraje, intrépido en peligro, heroico, como un soldado valiente».

Rut 3.11: «Ahora pues, no temas, hija mía. Yo haré por ti todo lo que tú digas, pues todos en mi ciudad saben que tú eres una mujer **virtuosa**». (RVA-2015) (Igual que Proverbios 12.4 y 31.10.)

Capítulo 9 El poder de Dios, nuestra oportunidad

Virtuoso: «Moralmente bueno, actuando en conformidad a la ley moral, practicando las responsabilidades morales y absteniéndose de vicios».

Rut 4.11: «*Todos los del pueblo que estaban presentes en la puerta con los ancianos dijeron: Somos testigos. Jehová haga a la mujer que entra en tu casa, como a Raquel y a Lea, quienes juntas edificaron la casa de Israel. ¡Que te hagas **poderoso** en Efrata y tengas renombre en Belén!*» *(RVA-2015)*

Poderoso: «Poseyendo gran poder político y militar; fuerte en extensión de dominio o recursos naturales; potente, como un monarca o un príncipe; una nación poderosa».

2 Reyes 15.20: «*Menajem exigió el dinero a Israel, es decir, a todos los **pudientes**, 50 siclos de plata a cada uno, para dárselo al rey de Asiria. Así que el rey de Asiria regresó y no se detuvo allí en el país*». *(RVA-2015)*

Pudiente: «Rico; opulento; poseyendo una gran porción de tierra, bienes o dinero, o una porción más grande que lo que es común a otros hombres de igual rango».

Job 31.25: «*Si me he alegrado porque era grande mi **riqueza** o porque mi mano haya logrado tanto…*». *(RVA-2015)*

Riqueza: «Opulencia, afluencia, posesiones de tierra, bienes o dinero en abundancia».

Nota los diferentes significados de las palabras poder y riqueza, para así darnos cuenta de la multiforme gracia de Dios. ***Nos da el poder, la oportunidad mejor expresada en una capacidad mental para idear, planificar y así hacer la fuerza, los recursos tanto humanos como de cualquier otra índole, un ejército, las riquezas, desarrollar la virtud, el valor que sea necesario para establecer Su pacto, Su Reino, Su voluntad aquí en la tierra, nuestra tierra prometida.***

137

Como sé que los conceptos religiosos y tradicionales se han arraigado tanto en nuestro subconsciente, es necesario seguir derribando esos argumentos que se oponen a la verdad de Dios, por medio de considerar Proverbios 13.22: «*El bueno dejará herencia a los hijos de sus hijos, pero lo que posee el pecador está guardado para los justos*». *(RVA-2015)* Pregúntate ahora, ¿qué es lo que posee el pecador? Obviamente no está hablando de los atributos personales inherentes a su carácter; se está hablando de posesiones materiales. De hecho, es exactamente la misma palabra que hemos venido considerando y que es para adquirirla que Dios nos da el poder, por lo tanto, si está para dársele a los justos, no puede ser pecaminoso, porque Dios no nos daría algo pecaminoso. El hecho que un pecador tenga algo, no hace que ese algo sea pecaminoso. El edificio de un pecador no está contaminado ni es malo. Al congregarse los justos en él, es tan santificado o consagrado como el edificio que se construyó específicamente para que se congregara una iglesia local.

Lo mismo aplica al tema del dinero, vehículos, herramientas, equipo, terrenos, empresas, etc. Recuerda lo que afirmamos en el capítulo 3 de este libro: «*Nada es inmundo en sí*». *(Romanos 14.14 RVR1960)* Dios no daría a los justos algo que fuese a causarles conflicto. Con eso concuerda Proverbios 10.22: «*La bendición de Jehová es la que enriquece y no añade tristeza con ella*». *(RVR1960)* Puesto que de Dios no viene nada malo, debemos estar claros que la riqueza adquirida de acuerdo a las directrices de la Palabra de Dios y dada por medio de Él, es una bendición y no añadirá tristeza. Quizá la mejor ilustración sea la salida de la esclavitud de los israelitas que estaban en Egipto. Egipto se usa como tipología del mundo; de allí que cobre tal interés el hecho de que cuando el pueblo salió de Egipto, no salió con las manos vacías, sino que Dios tomó las riquezas de Egipto, el oro de Egipto, y se lo dio a Su pueblo. La ilustración se hace más iluminadora cuando nos detenemos a considerar el uso que los israelitas le dieron a ese oro. Unos construyeron un ídolo y terminaron bebiéndoselo; otros lo usaron para la construcción del tabernáculo y así pusieron

Capítulo 9 El poder de Dios, nuestra oportunidad

las bases para disfrutar la presencia de Dios por muchas generaciones venideras. El oro de Egipto, o sea la riqueza de los pecadores, no era inmundo en sí, sino que unos hombres lo contaminaron por la forma en que lo usaron, mientras que otros lo santificaron usándolo para edificar el tabernáculo conforme al diseño de Dios.

Otro versículo que nos ayuda a aprovechar de manera adecuada la oportunidad que Dios nos da para hacer riqueza es Proverbios 21.5: «*Los proyectos del diligente resultarán en abundancia, pero todo apresurado va a parar en la escasez*». (RVA-2015) Este proverbio nos señala, por un lado, un proceso de éxito, y por el otro, lo inseguro de la emoción por sí misma. Un proceso porque comienza diciéndonos «los proyectos», que es la misma palabra que se traduce a pensamientos, propósitos o trabajos, lo que implica que primero hay un plan, una consideración de los pros y los contras. Luego nos aclara que esa planificación por sí sola no basta; hay que añadirle el ser «diligente», que también significa «un objeto punzante, decisión estricta», lo cual implica que hay que enfocarse en lo que se hace. Diligente no es el que trabaja más duro o más tiempo, sino el que enfoca y concentra su trabajo adecuadamente. Trayendo a nuestra mente el concepto de lo que es el trabajo bíblico, en contraposición a lo que es el empleo actual, diligente será el que busque alinearse con el trabajo y no el que dedique mucho tiempo y energía a su empleo. Por otro lado, en comparación con el «diligente», se nos presenta el «apresurado». Es alguien que no cuenta el costo, no planifica, se deja llevar de lo aparente sin investigar más. En fin, se mueve por las emociones más que por la fe. Muchos de los que dan ofrendas, motivados emocionalmente por los predicadores de radio y televisión, caen en esa categoría.

Concluyo pues, diciendo que Dios nos da la capacidad y habilidad mental, física, emocional, material y circunstancial para que usemos las distintas oportunidades y medios que Él nos presenta y que, trabajando con el entendimiento de lo que el trabajo bíblico es, podamos hacer riquezas y los demás elementos necesarios para establecer el reino de Dios aquí en la tierra. Queda claro en las escrituras, que no hay escasez de recursos y provisiones, sino que es la negligencia, la ignorancia y el «*andar en consejo de malos*» la razón por la cual hay pobreza. También debe enfatizarse que las tradiciones religiosas hacen nula la Palabra de Dios y que tomar textos fuera de contexto es semejante a la falta de juicio del pobre, y por lo que pierde la abundancia de pan que sí tiene. Acatemos la exhortación de Jesús, consideremos a las aves del cielo y démonos cuenta de que Dios nos da la oportunidad, los medios, la materia prima, y luego nos da la capacidad, la fuerza, la inteligencia y sabiduría para que aprovechemos esa oportunidad, y así Él bendice el trabajo de nuestras manos de forma abundante.

El éxito ocurre cuando la preparación y la oportunidad se encuentran; añádele diligencia y consistencia, y alcanzarás aquello para lo cual fuiste diseñado

---

Ahora, puesto que se ha vivido un letargo espiritual y hay un conformismo a la mediocridad, será necesario lidiar primero con nuestra mente, con los conceptos preconcebidos y prejuicios infundados para poder empezar a ver otro futuro. Para ese fin, Dios nos ha dado también la herramienta idónea y las armas de nuestra milicia, que como podemos leer, se concentran en trabajar en nuestra forma de pensar. Ese elemento indispensable para renovar el entendimiento, derribar las fortalezas que los argumentos en contra de la verdad de Dios han formado en nuestra mente, es el poder soñar despiertos.

Puede que al leer eso, tu mente te quiera llevar a la posición acomodada que critica todo lo que te requiera cambio, y con una actitud de espiritualidad falsa. Desde luego, te empezó a decir que te cuides, que no te quiera arrastrar a doctrinas orientales o a meditación trascendental; pero como acabamos de leer lo que la falta de juicio significa, te exhorto a que no saltes a conclusiones antes de leer lo que sigue y que no estés leyendo buscando en donde está el truco o en qué momento te llevo, en una forma subliminal, a la doctrina oriental. Por el contrario, toma la actitud de los de Berea *(Hechos 17.10–11)* y acata la exhortación de «*examinadlo todo, retened lo bueno*». *(1 Tesalonicenses 5.21 RVR1960)* Es más, ten fe y confianza que «*mayor es él que está en ustedes que él que está en el mundo*» *(1 Juan 4.4 RVC);* eso desde luego si has nacido de nuevo, pero el punto es éste: **¡*Despierta de tu inseguridad y asume responsabilidad personal!***

Claro que es bueno y necesario buscar consejo, pero en última instancia, tú serás el responsable de la decisión que tomes y es a ti al que Dios te requerirá cuentas de cómo administraste lo que Él puso en tus manos.

PARA MEDITAR

1. Una fortaleza interna se demuestra mejor al lidiar con las circunstancias; ¿conoces tus áreas fuertes?

2. Si Dios es fiel y cumple Sus promesas, y el método que utiliza para bendecirnos es el trabajo, ¿qué se requiere de nosotros?

3. Considera el significado de la palabra *chayil*.

Capítulo 10
Importancia de los sueños

Consideremos ahora otro punto de vista que puede añadir un mayor entendimiento y comprensión del diseño de Dios para tu vida, pero que también podría ser un tropiezo en tu forma de apreciar la enseñanza que he venido desarrollando. ¿Por qué? Porque con este punto también hay ideas preconcebidas y opiniones que ya se han aceptado como válidas, sin detenerse a considerar por qué se han aceptado. Recuerda que el enemigo se ocupa en afectar nuestra forma de entender las cosas para cambiarles su verdadero significado o para que las asociemos con algo que reconocemos como malo. Además de lo que ya expresamos con relación a que según uno piensa así es, hemos visto que la naturaleza y esencia de las riquezas también depende de nuestra forma de pensar. Por lo tanto, ampliemos un poco más sobre la batalla que se desarrolla en nuestra mente y los resultados que ocurren dependiendo de quién o qué sea la fuente de información que alimenta nuestra forma de pensar.

Hay varios puntos importantes que tienen que ver con nuestro ser, ya que fuimos creados a la imagen de Dios, que los ignoramos o relacionamos con otras cosas, pero no con nuestra naturaleza espiritual. Uno de estos puntos importantes es la habilidad de soñar. ¿Soñaste cuando eras niño que querías ser alguien, hacer o tener algo, alcanzar cierto logro o desarrollar alguna habilidad o proeza? Yo sí, y pienso que todos hemos pasado por esa etapa, y permíteme aclarar que no me refiero a soñar dormido, sino despierto. Quizá algunos no le llamen soñar, sino imaginar. Veamos un ejemplo: Cuando yo era niño, no tenía juguetes, y tenía que usar mi creatividad o imaginación para convertir las bujías de automóvil usadas en robots del espacio, y los grandes clavos o duelas con los que se clavan los rieles del tren, en naves espaciales. A propósito, ¿sabías que la ciencia ha descubierto que los niños menores de seis años usan hasta el noventa y dos por ciento de su creatividad e imaginación, mientras que en los adultos el porcentaje es tan solo del seis por ciento? ¿Será también por eso que Jesús dice que es necesario hacerse como niño para entrar al Reino de Dios? ¿Qué es lo que hace que se pierda ese otro ochenta y seis por ciento? La respuesta es sencilla. A los seis años, los niños inician la escuela, donde se les instruye con la mentalidad y filosofía humanista a que dejen de estar soñando y que maduren, que se hagan realistas y dejen esos pensamientos ilusorios. Por lo tanto, conforme van creciendo, van perdiendo su habilidad de soñar. Al respecto de eso es a lo que Zig Ziglar dice: «El hombre nació para ganar, pero durante toda su vida se le acondiciona para perder. No puedes comportarte consistentemente en una forma que sea inconsistente con la manera en que te ves a ti mismo». (Ziglar 1982, pág. 51)

> «¿Soñaste cuando eras niño que querías ser alguien, hacer o tener algo, alcanzar cierto logro o desarrollar alguna habilidad o proeza?»

Ampliemos ese concepto un poco más. Puede ser que, bajo ciertas circunstancias favorables y en un ambiente que le

Capítulo 10 Importancia de los sueños

estimula y apoya, una persona actúe positivamente en cuanto a su persona. Pero si la autoimagen o autoestima de la persona no es saludable o correcta, cuando las circunstancias cambien o la persona regrese a su rutina cotidiana, no podrá mantener esa misma actitud que experimentaba bajo el estímulo ocasional. Uno actúa consistentemente de acuerdo al concepto que tiene de sí mismo, y este concepto es formado por las diferentes informaciones que aceptamos como verdad. Por eso es tan importante evaluar y examinar por qué creemos lo que creemos, investigar cuál es la fuente de esa información y, sobre todo, ver si está en armonía con la verdad, la única verdad que es la Palabra de Dios. Mientras no entendamos nuestra identidad espiritual, no podremos creer que somos capaces de mayores logros y de desarrollar varios atributos creativos que tenemos de nuestro Hacedor, quien nos creó a Su imagen y semejanza. A manera de ilustración, considera esta narración: En una escuela la maestra les pidió a los alumnos que hicieran un dibujo. Un niño dibujó unas florecitas, y cuando la maestra se acercó para ver lo que hacía, le llamó la atención que aquel niño estaba dibujando caritas a las flores. La maestra trató de corregir el error y le dijo al niño que las flores no tenían cara.

> «Uno actúa consistentemente, de acuerdo al concepto que tiene de sí mismo...»

Todos sabemos que las flores no tienen cara, pero en ese momento, aquel niño estaba usando su creatividad y estaba «soñando» o forjando en su mente una manera distinta de entender o identificar las flores, basado en los colores, formas y tamaños de las mismas. Regresando al caso personal de mi niñez con las bujías usadas de vehículo, obviamente éstas no tienen nada que ver con el espacio, no tienen movimiento propio, de hecho, no hacen absolutamente nada. Pero en mi mente yo convertía distintas partes de sus componentes y les atribuía un poder especial para que lanzaran rayos por la cabeza, se propulsaran volando por el aire e irradiaran un campo magnético que impedía que los elementos o ataques de otras fuentes pudiesen llegar a tocarlas. ¿Te das cuenta de tanta ficción? Seguramente que un niño en su sentido cabal no pensaría tal desacierto, pero ¿qué hubiera pasado si mis padres hubieran desechado mis fantasías y me hubieran ridiculizado por tal tontería? Sencillamente habrían limitado mi creatividad, mi habilidad de visualizar en mi mente los eventos y las circunstancias que yo deseo que se realicen en mi vida.

«...el poder de un sueño fue tan grande que superó cualquier obstáculo...»

Lo mismo habría ocurrido con el niño de nuestra ilustración anterior. Si la maestra hubiera insistido y logrado convencerle que dejara esas ideas absurdas de dibujar cara a las flores, no sabemos cuánto habría limitado su creatividad. Sin embargo, aquel niño respondió a su maestra sencillamente: «Pero las mías sí» y siguió alimentando su habilidad de soñar despierto— su creatividad. El nombre del niño era Walt Disney. Quizá de esa experiencia es que se formó la actitud que cuando le decían que algo no podía hacerse, entonces lo hacía con más empeño, porque sabía que estaba tras una buena pista. Cuando quiso lanzar una caricatura de larga duración, le dijeron que no funcionaría, que la gente no se sentaría por tanto tiempo a ver imágenes animadas, que las películas de largometraje tenían que ser con personajes reales, etc. Así que él sonrió y asumió la postura que cuántos más obstáculos le presentaban a sus «sueños», lo más seguro que aquello tendría éxito. Más adelante dijo: *«Podemos lograr todos nuestros sueños, si tenemos el valor de luchar por ellos».*

Recuerda que la naturaleza de las riquezas tiene que ver, primeramente, con nuestro sentido de valores, y el mayor estorbo a nuestra prosperidad se encuentra precisamente en la forma de pensar. Es obvio que la habilidad de soñar despiertos juega un papel determinante en alcanzar la libertad financiera e integral.

Capítulo 10 Importancia de los sueños

Así que quiero pedirte que analices tu identidad espiritual, especialmente en el aspecto de la creatividad, porque en mi entendimiento—basado en razonamientos que te presentaré a continuación—creo que donde más se manifiesta la identidad espiritual es en el ámbito de la mente. Para comenzar considera esto: «*El ser humano es el único que tiene la habilidad de soñar despierto y de programar su vida de acuerdo a esos sueños*». Añade a esto la siguiente declaración: «*Los que solo sueñan de noche, no causan ningún impacto, porque al despertar, su sueño se desvanece; pero los que sueñan despiertos son peligrosos porque pueden conquistar el mundo*».

«Podemos lograr todos nuestros sueños, si tenemos el valor de luchar por ellos»

A manera de ejemplo, te mostraré dos casos que confirman las afirmaciones anteriores. **Adolfo Hitler** tenía el sueño de forjar una raza de personas perfectas y la historia atestigua hasta dónde lo llevó ese sueño. **Walt Disney** quería llevar las caricaturas a las grandes pantallas, y cambió la cinematografía con caricaturas de largometraje y, desde luego, ¿quien no ha oído hablar del mundo de Disney? El punto es que, en el primer caso, el poder de un sueño fue tan grande que superó todos los obstáculos hasta que chocó con otro sueño más justo y abrazado por más personas; y en el segundo caso, el poder de un sueño fue tan grande que superó cualquier obstáculo o limitación que se le opuso.

¿Es diabólico soñar?

Si en tu mente, crees que esto de «soñar despierto» es de religiones orientales o prácticas de ocultismo, detente un minuto y contéstate: ¿Quién nos enseñó a soñar? ¿Es un atributo inherente a nuestra naturaleza, desde que nacemos, o es algo inducido cuando ya tenemos entendimiento? La respuesta es obvia: La habilidad de soñar es parte del diseño de Dios para con nosotros, y como *toda buena dádiva y todo don perfecto desciende de lo alto, del Padre de las luces (Santiago 1.17 RVR1960)*, no puede ser algo malo, sino que es para nuestro bien. Si has visto en ciertas películas donde los animales «supuestamente» sueñan o recuerdan cosas o eventos, déjame decirte que eso es pura ficción, ya que en la realidad solo el ser humano puede soñar.

> «...la habilidad de soñar es parte del diseño de Dios para con nosotros...»

En cuanto a que los sueños pueden venir del maligno, recuerda que el diablo no inventa nada, no es creador. Su astucia consiste en distorsionar las cosas que Dios ha creado y diseñado para nuestro bien, haciéndonos creer que esas cosas son malas y que debemos abstenernos de ellas. De esa manera, es que el diablo nos roba las bendiciones de Dios. Por eso te insisto: La batalla por nuestra libertad se lleva a cabo en nuestra mente, en decidir a quién le vamos a creer, cuál va a ser la fuente de información que aceptemos como buena. Recuerda lo que escribí en el capítulo 3 de la primera parte de este libro, basados en Romanos 14.13–14, que nada es inmundo en sí mismo, más para el que piensa que algo es inmundo, para él lo es, o sea que depende de la forma de pensar de las personas. Por eso debemos atender la advertencia que nos hace el Señor Jesús de volvernos como niños para poder entrar en Su Reino *(Mateo 18.3)* y Pablo la expande cuando aclara: *«Hermanos, no seáis niños en el modo de pensar, sino sed niños en la malicia, pero maduros en el modo de pensar». (1 Corintios 14.20 RVR1960)*

¿Qué niño le teme o le atribuye poderes demoníacos a algo creado por Dios? Ninguno, por lo tanto, *«despojémonos de todo peso y del pecado que nos asedia, y corramos con paciencia la carrera que tenemos por delante». (Hebreos 12.1 RVR1960)* Mi mente está convencida que Dios es bueno y desea que yo prospere, y de hecho fue *Él* quien le pidió al hombre que señoreara sobre toda su creación. ¿Qué es lo que falta para que esa fe se manifieste? *¡Soñar despierto!* Ese es el aspecto que el enemigo ha distorsionado con conceptos de religión oriental, meditación trascendental, etc., pero la verdad original viene de Dios, de la naturaleza de ser creados a Su semejanza.

> «...seremos como los que sueñan, entonces nuestra boca se llenará de risa y nuestra lengua de alabanza...»

El Salmo 126.1-3 dice: «*Cuando Jehová hiciere volver la cautividad de Sión, seremos como los que sueñan, entonces nuestra boca se llenará de risa y nuestra lengua de alabanza; entonces dirán entre las naciones: Grandes cosas ha hecho Jehová con éstos, grandes cosas ha hecho Jehová con nosotros; estaremos alegres*». *(RVR1960)* Este texto, como la gran mayoría, describe un proceso para alcanzar una meta. En primer lugar, notemos que habla de personas que están en esclavitud y da por sentado que en esa condición no se puede estar alegre, ni Dios puede hacer grandes cosas con nosotros. De allí que inicie aclarando que lo que acontecerá como bueno, será hasta cuando Dios los libre de esa esclavitud. ¿Pero por qué hay muchas personas libres que no están alegres? ¿No se supone que al ser libres automáticamente se disfruta de los demás beneficios? Piensa por un momento cuál es el estado de alguien que ha estado en esclavitud y lo dejan en libertad, y te darás cuenta de que eso no garantiza que automáticamente vas a tener una vida feliz y productiva. Supongamos que alguien siguió trabajando su tierra y desarrollando su negocio, por lo que al salir tiene los recursos económicos necesarios y no tiene que empezar de nuevo. Pero aun así, tendrá que pasar por el proceso de quitar de su mente los malos momentos de la esclavitud, así como actualizarse en cuanto a lo que está sucediendo, y por encima de todo, disponerse a actuar con la intención de forjar un buen futuro. Aplícalo a personas que han escuchado el mensaje del perdón de Dios, lo han creído

Libertad financiera a la luz de la Biblia

y han sido librados de la condenación. ¿Significa eso que ya son felices y prósperos en su vida? Obviamente no. ¿Qué es lo que falta? ¿Cuál es el siguiente paso o componente que el salmista nos presenta como condición para poder reír, alabar y que Dios haga grandes cosas? *Ve la secuencia: Dice que, al ser libres, se puede soñar, y entonces, al soñar, se llega a la alegría y demás bendiciones.*

«Al ser libres se puede soñar, y entonces, al soñar, se llega a la alegría y demás bendiciones»

Los esclavos de la religiosidad, del humanismo y la tradición cultural no pueden soñar. Según se piensa, así se es, y no hay nada, aparte de la disposición que tú tengas en tu mente, que te pueda detener de alcanzar el éxito y la libertad. No es nuestro trasfondo ni condiciones o circunstancias bajo las que nacimos y nos criamos las que deciden nuestro destino, ni tampoco son las condiciones y las circunstancias actuales las que nos limitan, sin importar cuán malas sean. Ha habido gente próspera en medio de circunstancias adversas y también ha habido gente fracasada y en escasez en medio de circunstancias de abundante oportunidad y medios favorables. Zig Ziglar señala que, en una encuesta sobre grandes personajes de reconocimiento mundial, el setenta y cinco por ciento tenían algún impedimento físico, habían sido abusados de niños o las circunstancias de su vida habían sido adversas, pero nada de eso impidió que forjaran su destino y alcanzaran el éxito.

Por eso es que digo que, de la imagen de Dios, a la cual hemos sido formados, lo más grande que tenemos es la habilidad de soñar, o sea visualizar lo que queremos, y lo llamamos fe. Ahora bien, esa habilidad puede ser estropeada por el engaño e imitación del enemigo, y el mismo hecho de que exista la imitación y la distorsión debe afirmar en nosotros que existe el original, y por lo tanto, enfocarnos en encontrarlo y practicarlo.

Cuando nos dejamos llevar por comentarios que escuchamos y no escudriñamos por nosotros mismos, fácilmente caemos en error. Lo triste del caso es que para poder creer a ese comentario y actuar en armonía con él, usamos el poder de la fe, tomando una información que hemos oído, que no la hemos corroborado, pero le estamos dando vida y poder para moldear nuestro futuro. Al ser engañados de esa manera, usamos ese poder para dañarnos y permitimos que el enemigo nos robe el diseño de éxito y bendición que Dios tiene para nosotros, y nos enfocamos en lo negativo.

Soñar y fe

Cuando el salmista habla de que Jehová nos librará de la cautividad, me refiero a una mente cautiva, que no puede soñar, y para ilustrarlo, vamos a tomar un ejemplo de una cautividad física, para entender la verdad espiritual. A lo largo de la historia, una de las formas más efectivas para conquistar una ciudad fue por el medio de sitiarlas o cercarlas y evitar así que pudieran abastecerse de comida y otras cosas necesarias para el sostenimiento. Tanto la Biblia como la historia (las Guerras de Josefo), cuentan de las cosas abominables que llegaron a pasar bajo esa condición, como las madres llegaron a comerse a sus propios hijos. Desde luego, se perdieron las buenas relaciones entre amigos o vecinos, ya que al faltar el alimento y tener que luchar por salvar su vida, se manifestó lo que realmente eran las personas, su sentido de valores y sus convicciones de vida. El punto esencial que quiero señalar es que, al cortar la comunicación con la fuente abastecedora—a fuente de provisión—se iniciaba un proceso de muerte interna que comenzaba por comer lo que fuese, lo primero que se encontrara disponible, sin importar el daño que causara a otros y la falta de verdadera nutrición para el que lo comía. Apliquémoslo ahora a nuestra vida espiritual, que es la verdadera vida. Sabemos de la importancia de la fe, que sin ella es imposible agradar a Dios, que lo que no proviene de fe es pecado, que por la fe el justo vivirá, etc. La fe pues, nos asegura que obtendremos lo que deseamos y que podemos estar convencidos que será así, aunque las apariencias o circunstancias digan lo opuesto. A pesar de que esta definición es correcta, en la realidad existe mucha gente declarando que tiene fe que algo va a ocurrir. Pero su estado o condición no cambia, y la mayoría de las veces cuando se le pregunta a estas personas qué están haciendo para alcanzar su meta, la respuesta es que están teniendo fe, que están esperando por fe y que hacer algo sería no tener fe. El problema con esa clase de declaraciones es que tienen parte de verdad, porque las escrituras dicen que si es por obras ya no es por fe *(Romanos 4.2-6 y Efesios 2.8-9)*. Pero necesitamos respetar el contexto de toda la Biblia y cuidar que una interpretación no anule un principio o verdad, claramente establecida a lo largo de la Biblia. En este caso específico, me refiero a la verdad del trabajo y que aun las promesas de Dios están sujetas a condiciones, no son automáticas. Por lo tanto, al elemento de creer por fe se le debe añadir los pasos de alimentar la fe y de obrar en armonía con esa fe que se tiene, tal y como dice Santiago, mostrar la fe por medio de las obras que se hacen. *(Santiago 2.17-18)*

«El combustible que hace operar a la fe, es la habilidad de poder vislumbrar, soñar y crear nuestro futuro en nuestra mente»

¿A qué me refiero con "alimentar la fe"? Ilustremos la fe como el vehículo que nos lleva de la situación actual en la que nos encontramos, a la situación por la que estamos creyendo, es decir, por la fe traemos al presente aquello que todavía está en el futuro. Ahora bien, el punto al que yo estoy aludiendo es que se necesita combustible para hacer caminar el vehículo, y eso es precisamente lo que la gran mayoría de personas que dicen estar creyendo por fe no hacen. No alimentan esa fe; no le dan combustible a ese vehículo para que funcione y los lleve a su destino. Es como poseer un vehículo moderno y rápido, pero si no le ponemos combustible, de nada nos sirve. El combustible que hace operar a la fe es la habilidad de poder vislumbrar,

Capítulo 10 Importancia de los sueños

soñar y crear en nuestra mente nuestro futuro. Permíteme explicar a qué me refiero con lo anterior. Puesto que la fe viene de Dios, Él es el autor y consumador de la fe *(Hebreos 12.2)*, y puesto que la fe viene por medio de oír lo que Él dice *(Romanos 10.17)*, nuestra parte es el tomar esa palabra y hacerla crecer en nuestra mente por medio de visualizarnos logrando las distintas metas, ideales y deseos a los que esa palabra alude. Es decir, que tenemos que soñar despiertos y vernos disfrutando lo que esa palabra nos ha dicho. Puesto que Jesús señaló la capacidad o habilidad de los niños como elemento indispensable para entrar al Reino, tomemos un ejemplo de los niños para ilustrar este aspecto de alimentar la fe por medio de soñar despierto.

Cuando un padre dice a su hijo a mediados de año que a fin de año lo va a llevar a Disney World, el niño toma esa palabra, la cree y eso es lo que produce fe. La fe viene por el oír la palabra de su padre, y aquel niño sabe que su padre no le ofrecería algo si no tuviese ni la intención ni los recursos para cumplirlo. Obviamente, en el aspecto humano pueden surgir contratiempos, imprevistos o accidentes que limiten el cumplimiento de tales promesas, pero asumamos que no se darán esas limitaciones. El niño, en primer lugar, no se sienta a meditar y/o analizar la fidelidad y capacidad de su padre. La da por sentado y no se preocupa de cómo, ni de dónde va a adquirir lo necesario para llevarlo a Disney World. Toma la palabra de su padre y empieza a edificar sobre ella, *soñando despierto*. Desde ese momento, el niño se ve a sí mismo disfrutando de los diferentes juegos, paseando por los parques de diversión, comprando golosinas y recuerdos, tomándose fotos con sus personajes favoritos, etc. En otras palabras, él empieza a traer el futuro a su presente y empieza a disfrutarlo primero en su mente, en su imaginación, en sus sueños, en su fe. En nuestro caso, nuestro soñar despierto debe iniciar cuando oímos o leemos una promesa que nuestro Padre celestial nos hace en su Palabra, sabiendo que Dios no nos ofrecería algo si no tuviese la intención y los recursos para cumplirlo. Por lo tanto, al igual que el niño de la ilustración, nosotros también podemos tener fe y creer con todo nuestro corazón en la promesa que Dios nos

153

Libertad financiera a la luz de la Biblia

ha hecho.

La diferencia entre el niño y los adultos es que los niños usan el noventa y dos por ciento de su creatividad mientras que los adultos solo el seis por ciento, y es allí donde se manifiesta la gran diferencia en la aplicación de la fe. El adulto toma la palabra, la cree, la atesora en su corazón, se fortalece a sí mismo diciendo que Dios es fiel *(2 Corintios 1.18)*, que Él que comenzó la buena obra la terminará *(Filipenses 1.6)*, que Dios no es hombre para que mienta, ni hijo de hombre para que se arrepienta *(Números 23.19 RVR1960)*, etc. Pero en todo eso, consciente o inconscientemente, estamos dejando la responsabilidad del cumplimiento de la promesa con Dios. Recuerda que la verdad claramente establecida en toda la Biblia es que la responsabilidad recae sobre cada uno de nosotros; cada quien dará a Dios cuenta de sí *(Romanos 14.12)* y cada uno será juzgado o recompensado de acuerdo a sus obras. *(1 Corintios 3.8)* Por lo tanto, aunque lo que el adulto hace tiene mucha verdad e importancia, carece del elemento más importante que es el de asumir responsabilidad y hacer algo con ella.

«Fe es la certeza de lo que se espera. ¿Cómo se trae la fe al presente? Soñando despierto...»

Soñar es vital. Es por eso que el enemigo lo ataca tanto y lo ensucia con conceptos como la meditación trascendental, para que así descuidemos ese regalo precioso que Dios nos ha dado: la habilidad de visualizar nuestro futuro, la habilidad única en el ser humano de proyectar en nuestra mente las imágenes del futuro que anhelamos. Fe es la certeza de lo que se espera. ¿Cómo se trae la fe al presente? Soñando despierto. Hay otro factor sumamente importante, el cual nos describe el siguiente texto: «*Donde no hay visión, el pueblo*

Capítulo 10 Importancia de los sueños

se desenfrena; pero el que guarda la ley es bienaventurado». (Proverbios 29.18 RVA-2015)

Soñar: una visión

La palabra visión en el idioma original es *chazon* y significa: «Una vista mental, un sueño, revelación u oráculo». Por lo tanto, en Proverbios 29.18 se puede leer: *«Sin profecía, dirección, sueño o visión, el pueblo se desenfrena, pierde toda restricción, se vuelve atrás, perece». (Paráfrasis de varias versiones.)* Esto nos habla de la habilidad de poder vislumbrar nuestro futuro, de soñar, de tener un ideal, una meta o motivación. No es meramente un sueño ilusorio o un divagar mentalmente, pues está basado en una verdad: lo que dice Dios acerca de nosotros y nuestro futuro. Además, conlleva el poder creativo que es parte de la imagen de Dios en nosotros. Por ejemplo, Dios en Jeremías 23.16 dice: *«Así ha dicho Jehová de los Ejércitos: No escuchéis las palabras de los profetas que os profetizan. Os alimentan con vanas esperanzas; hablan visión de su propio corazón, no de la boca de Jehová». (RVR1960)* Si prestamos atención, el problema de esta visión es que está basada en conceptos cuya fuente de origen es el corazón de esos profetas; sin embargo, notemos que cumplen la misma función de llenar de esperanza a los oyentes. Desde luego, puesto que la fuente es vana y falaz, las esperanzas también son vanas o vacías, carentes de sustento. Pero si la visión viene de Dios, aunque el proceso de llenar de esperanza a los oyentes será el mismo, lo que hará la diferencia será que esa esperanza tendrá consistencia y sustento, pues su fuente es veraz.

J.C. Penney dijo: «Muéstreme un muchacho que esté trabajando en poner mercadería en los estantes pero que tenga el sueño de superarse, y le mostraré un hombre que hará historia; pero muéstreme un hombre sin sueños y yo le mostraré una persona que no pasará de poner mercadería en los estantes».

Es debido a la necesidad de soñar que las personas se hacen adictas a telenovelas, drogas y otras formas artificiales que

155

les permiten una imitación de soñar. Desde luego, como no es el sueño o motivación diseñado por Dios, produce efectos devastadores, porque es imposible que se convierta en realidad; es como espejismos en el desierto. Eso debe llevarnos a esta interrogante: ¿Crees tú que Dios nos daría esa habilidad si fuese imposible hacer los sueños realidad? Eso sería el peor suplicio y tormento; sería equivalente a soñar con un gran banquete si uno estuviese exilado en una isla desierta.

¿Qué pasa en una ciudad cuando ha sido sitiada? El sitio hace que las personas pierdan la esperanza, pierdan todo sueño o anhelo de prosperar y llegar a alcanzar alguna meta, y se enfocan en sus circunstancias presentes. Las personas dejan que esas circunstancias se conviertan en los medios de comparación y los elementos de juicio para pensar en su vida, mejor dicho, en su existencia, pues no piensan en nada más que mantenerse existiendo. Consecuentemente, al ya no haber una meta futura, al ya no tener un ideal, las defensas se van rindiendo y empieza el proceso de descenso. En primer lugar, la persona se desenfrena. Eso se refiere a que todo ser humano tiene un aspecto de control que le refrena de actuar como un animal. Podríamos decir que es la conciencia, esa parte del ser creada a la imagen de Dios que les pone freno a sus deseos egoístas y no le permite actuar libremente en contra de su prójimo. Cuando el hambre y el temor de perder su vida aumenta, ese freno es desechado. La persona pierde las restricciones morales propias y luego ignora las restricciones externas como la ley y las distintas formas de autoridad delegada que puedan o intenten limitarle de «salvar su vida». Fue a ese elemento al que Satanás aludió cuando Dios le preguntó si había considerado a Job. «*Respondiendo Satanás, dijo a Jehová: Piel por piel, todo lo que el hombre tiene dará por su vida. Pero extiende ahora tu mano y toca su hueso y su carne, y verás si no blasfema contra ti en tu misma presencia*». (Job 2.4–5 RVR1960) Después que la persona ha retrocedido, ese retroceder se está llevando a cabo en su mente, en sus valores éticos y morales, en su forma de apreciar y valorar las circunstancias. Cuando ya no hay restricciones morales, solo ve un destino y cree que es cuestión de tiempo para morir por manos de los enemigos o por el hambre.

Quien no puede soñar, quien no tiene una visión, quien no tiene la vista puesta en Jesús como **consumador** de la fe, se vuelve atrás. Por favor, nota que subrayé y resalté la palabra consumador, pues Jesús es el autor y consumador de la fe. *(Hebreos 12.2)* Jesús pasó por un período en el que su mente también fue atacada con circunstancias negativas y que daban la impresión de que, como Él mismo lo declara, el Padre le había abandonado. *(Marcos 15.34)* Recuerda que la Biblia dice que Jesús fue tentado en todos los aspectos que nosotros somos tentados. *(Hebreos 4.15)* Jesús sabía lo que le pasaría y, sin embargo, no se desenfrenó ni perdió el control, por el gozo puesto delante de él, porque mantuvo la visión, la meta, el propósito, el sueño delante de Él.

No dejes que tu mente, influenciada por conceptos religiosos, te diga que fue porque Él era Dios. Recuerda que la Biblia enseña que Él, voluntariamente, se despojó de sus atributos divinos para darnos ejemplo de cómo vivir como humanos y ser vencedores sobre las circunstancias. *(Filipenses 2.5–8 y Hebreos 5.7–8)* Considera el caso de Job. En medio de sus problemas, él tampoco cedió al continuo bombardeo mental al que le expusieron sus «amigos», a pesar de haberlo perdido todo. Él albergaba un sueño, una esperanza, algo futuro, pero que lo traía al presente por medio de meditar, visualizar en su mente o soñar, y por eso pudo decir: *«Yo sé que mi Redentor vive, y al fin se levantará sobre el polvo; y después de deshecha esta mi piel, en mi carne he de ver a Dios; al cual veré por mí mismo, y mis ojos lo verán, y no otro, aunque mi corazón desfallece dentro de mí». (Job 19.25–27 RVR1960)*

Muchas personas reconocen que Jesús es el autor de la fe, el que la inicia; que la fe es un don o regalo de Dios y no algo que nosotros podamos crear o iniciar por nuestra propia voluntad; y todo eso es cierto, pero pasan por alto el otro elemento: Dios. Jesús también es el consumador, el que lleva a cumplimiento, a su fin, esa fe. Ese es el aspecto básico de soñar, vislumbrar en la mente el cumplimiento, la consumación de aquello por lo que estamos teniendo fe. Ese aspecto de soñar está en todos nosotros, es una necesidad y debido a que es una necesidad, el diablo la ataca y distorsiona tanto.

¿Es necesario soñar?

A propósito de la necesidad de soñar, Zig Ziglar relata un experimento que se hizo con un número de personas para ver qué efecto produce en el ser humano el poder soñar. Tomaron a un grupo de voluntarios y por medio de los adelantos tecnológicos podían darse cuenta cuándo las personas se dormían. En el proceso de dormir, hay diferentes niveles o estados por el que pasa nuestro ser y nuestra mente. Hay un nivel en que se está entre dormido y despierto; hay otro en que se puede estar roncando como león y sin embargo no estar descansando, y hay un nivel de sueño profundo en el cual se empieza a soñar. Todos soñamos. El hecho de que no recordemos lo que soñamos no altera el resultado. El experimento consistía en ver qué pasa cuando las personas no pueden soñar. Por lo tanto, cuando se percataban que las personas entraban a ese nivel de sueño profundo donde empezaban a soñar, por medio de diferentes formas los sacaban del sueño, pero sin despertarlos, dejándolos dormir. Después de 24 horas con un período satisfactorio de dormir, pero sin soñar, las personas se mostraban agitadas, inquietas y con facilidad se molestaban. Después de 48 horas, durmiendo razonablemente, pero sin permitirles soñar, las personas estaban irritables, intolerantes, pesadas en su comportamiento interpersonal. Después de 72 horas, empezaron a manifestar problemas psicológicos, a ver cosas que no existían y tuvieron que detener el experimento por temor de lo que podría pasar a esas personas si prolongaban esa condición. Por lo tanto, a la siguiente noche las dejaron dormir y entrar al estado de soñar. La primera noche que durmieron así, manifestaron una mejora notable y en pocos días estaban normales.

Capítulo 10 Importancia de los sueños

Para poder entender un poco más lo que acontece durante nuestros sueños, leamos lo que dos diccionarios dicen al respecto. El diccionario Webster de 1828 dice de Soñar: «Un sueño es una serie de pensamientos no bajo el control de la razón, por lo que a veces son irreales e irregulares».

Aunque parezca repetitivo o innecesario, quiero expandir esa definición, porque muchas veces, cuando las cosas se ven tan obvias o aparentes, se tiende a pasarlas por alto. La anterior definición nos está señalando la realidad de que ninguno de nosotros programa lo que va a soñar, que ese sueño está fuera del control consciente. ¿Por qué es importante llamar la atención a tan obvia situación? Por la sencilla razón de que cuando dormimos, cuando nuestro control consciente deja de ejercer y el subconsciente empieza a manifestarse, lo que se proyecta en la pantalla de nuestra mente no son objetos, personajes, escenarios ni situaciones ajenas a nosotros, aunque esa sea la suposición. Por muy irreales, absurdos, exagerados o alejados de nuestra realidad que parezcan, la realidad es que están siendo formados y construidos solo con material que hay en nuestro cerebro, con material que nosotros hemos recopilado y archivado en nuestro propio cerebro. ¿Puedes darte cuenta de la implicación de esa declaración?

Veamos lo que nos dice el comentario bíblico Unger y analicemos cómo su comentario añade claridad a la importancia de los sueños: «Otro aspecto importante de soñar es el ético. En el sueño se manifiesta la verdadera naturaleza de uno mismo, abriéndose paso a través de la presión de relaciones externas y el estímulo de la vida despierta. Desde el egoísmo del alma, sus impulsos egoístas, su desazón estimulada por el egoísmo, se forman en el corazón toda clase de imágenes pecaminosas, que el hombre tiene vergüenza cuando despierta, y a causa de las cuales el remordimiento a veces perturba al soñador. Las Escrituras parecen declarar al hombre responsable, si no de soñar, por lo menos por el carácter del sueño».

¿Cuál es mi parte?

Según esa declaración final, el hombre es responsable de la calidad, del carácter de sus sueños. ¿Por qué? Porque el subconsciente saca de la abundancia que hay en nosotros para formar los sueños o pesadillas, y como nadie puede meter nada a nuestra mente y corazón si no lo permitimos, nuestros sueños atestiguan la clase de comida espiritual y la información con la que alimentamos nuestra mente. Con esa aclaración, considera la implicación de los siguientes textos:

Salmos 16.7: «Bendeciré a Jehová que me aconseja; aun en las noches me enseña mi conciencia». (RVR1960) La conciencia responde de acuerdo a la información que se acepte como verdadera, y mantén en mente lo que he señalado anteriormente, que la información que más efecto produce en nosotros es aquella que hemos recibido en nuestros primeros seis o siete años de existencia. Tú podrías decir que, de ser así, entonces no es responsabilidad tuya, sino que de tus padres o tutores, pues no podías elegir en ese tiempo, y en parte tendrías razón. **Pero recuerda que, aunque no pudimos hacer nada en cuanto a la información que nos fue dada, ahora sí es nuestra responsabilidad evaluarla, juzgarla y decidir seguir aferrados a ella o cambiarla.** Dios no nos juzgaría culpables si no pudiésemos hacer nada al respecto. De hecho, la gran mayoría de las exhortaciones bíblicas conllevan la directriz de cambiar, de arrepentirnos, de desechar lo viejo y tomar lo nuevo, de renovar el entendimiento y así transformarnos.

Salmos 17.3 «Tú has probado mi corazón, me has visitado de noche; me has puesto a prueba y nada inicuo hallaste; he resuelto que mi boca no haga transgresión». (RVR1960) Este versículo presenta un caudal tremendo de información:

1. En primer lugar, mantiene consistencia de que Dios prueba lo que hay en nuestro corazón por medio de ver y evaluar lo que acontece en nuestra mente por la noche, entiéndase en los sueños;

2. En segundo lugar, vemos que el salmista está agradecido de que ha salido bien de la prueba, que no se encontró ninguna iniquidad en él, sin importar cuánto negativismo se sembró en su niñez, lo cual demuestra que es posible cambiar nuestra mente, para que sean otra clase de pensamientos y valores los que gobiernen nuestro subconsciente;

3. El tercer elemento que declara el salmista es que esa solvencia moral es resultado de una resolución personal. Este detalle es de suma importancia porque nos regresa a la realidad de la responsabilidad personal y a la necesidad de trabajar para alcanzar o lograr las bendiciones que Dios pone delante de nosotros. Ve que las circunstancias alrededor del salmista siguen siendo las mismas, es decir, no importa el medio ambiente, la cultura, la situación económica, política ni nada externo, lo que cuenta es la actitud y decisión personal. Es allí donde él tiene que trabajar para desechar lo negativo y para abrazar lo positivo. No lo pases por alto tan rápidamente, esa lucha contra la corriente, contra la mayoría, contra el qué dirán, tanto de conocidos, parientes, compañeros y demás personas cercanas a uno; es una de las más grandes batallas.

4. En cuarto lugar, el salmista nos declara en qué ha consistido su resolución. No es tan solo de buenas intenciones o metas generalizadas que no se pueden medir o corroborar en su desarrollo. El salmista especifica que su atención se centra en la clase de palabras que se permite hablar. Esa declaración está cargada de tremendo poder que no podemos dejar pasar a la ligera, por varias razones, pero que las podemos resumir en tres declaraciones de la Biblia:

   a) «*La muerte y la vida están en el poder de la lengua*». *(Proverbios 18.21 RVA-2015)*

b) «*Del corazón mana la vida*». *(Proverbios 4.23 Véase RVR1960.)*

c) «*Lo que sale de la boca, sale del corazón; y esto es lo que contamina al hombre*». *(Mateo 15.18 RVC)*

Sabemos que de la abundancia que hay en el corazón es que habla la boca, pero el versículo que estamos considerando nos presenta el otro elemento que hace de esa declaración un círculo continuo. ¿En qué forma? En que es lo que hablamos lo que entra a nuestro corazón. En otras palabras, aquellas cosas, conceptos y sentido de valores que nosotros expresamos con nuestra boca tienen acceso directo a nuestro corazón, las cuales se arraigan en nuestro corazón, y éste las tiene prestas y disponibles para que las volvamos a declarar una y otra vez.

Este concepto es tan importante que debemos expandirlo. Nosotros tenemos el oído externo y el interno. Con el externo, escuchamos todo sonido emitido por otras personas, animales o cosas; pero con el oído interno, nos escuchamos a nosotros mismos. ¿Alguna vez te escuchaste a ti mismo en una grabación? La primera experiencia es la de pensar que esa no es nuestra voz, que suena muy distinta. La razón es que no nos habíamos oído con el oído externo. Ahora, ¿qué tiene que ver eso con nuestros sueños? Recuerda que estamos declarando que lo que hay en nuestro subconsciente está allí porque nosotros lo hemos permitido, y la forma más contundente que una idea, concepto o filosofía de vida se arraigue en nuestro corazón es por medio de hablarla nosotros mismos. De hecho, la Biblia dice que somos enlazados con las palabras de nuestra boca y somos presos de los dichos de nuestros labios. *(Proverbios 6.2)* Consecuentemente, el salmista declara que la razón por la cual no hay iniquidad en su corazón es porque él se propuso no hablar en contra de la equidad, y no deja que en su boca haya trasgresión, o sea que estamos hablando de transgredir con nuestras palabras. ¿Qué implica eso? La única forma de transgredir es que existan leyes, normas o parámetros preestablecidos de comportamiento y uno se salga de ellos.

Capítulo 10 Importancia de los sueños

La definición que el diccionario Webster da de la palabra «trasgresión» es la siguiente: «Pasar por encima o más allá de los limites; sobrepasar. En un sentido moral, sobrepasar cualquier regla prescrita como límite de alguna responsabilidad; quebrar o violar una ley, civil o moral; transgredir una ley divina es pecado». Romanos 4.15 dice: «*Pues la ley produce ira; pero donde no hay ley, tampoco hay trasgresión*». *(RVR1960)* Hebreos 2.2 dice: «*Porque si la palabra dicha por medio de los ángeles fue firme, y toda trasgresión y desobediencia recibió justa retribución...*». *(RVR1960)* El punto importante es que debe existir ese límite, esa regla o ley que declare lo que es correcto y aceptable. En el aspecto de nuestras palabras, ese parámetro de acción es la Biblia, la cual expresa los límites, las reglas, normas y leyes de Dios. Hablar más allá o en contra de lo que Él declara como verdad es trasgresión, es pecado, como determina la definición del diccionario.

Con base en esas definiciones, podemos concluir que el salmista ha resuelto que no hablará contrario a lo que dice la ley o la Palabra de Dios, y por el contexto de nuestro estudio, podemos aun decir que no hablará en contra de lo que dice la Palabra de Dios en relación a sí mismo, su identidad y su potencial. Con esa aclaración, podemos darnos cuenta por qué es que Dios nos hace responsables aun de lo que soñamos, y por eso es necesario pensar en armonía con la verdad de Dios. Siguiendo esa línea de pensamiento, considera: ¿Qué tiene de asombroso soñar que Dios desea prosperarme en todo? ¿Por qué suena raro que hable de ser cabeza y no cola, de andar en victoria sobre las circunstancias, de tener paz, gozo, hijos obedientes que me honran, abundancia material para disfrutarla, etc., cuando eso es lo que dice la Palabra de Dios? Transgredir con la boca sería hablar contrario o más allá de lo que Dios dice. Sin embargo, esa clase de fraseología pone nerviosos a la gran mayoría de los cristianos y eso debe llevarnos a cuestionar por qué. ¿Cuál es la razón de que esa clase de declaraciones suene mal?

Como estamos declarando que es la información de nuestro subconsciente la que realmente gobierna nuestra forma de pensar y valorar las cosas, solo podemos llegar a una conclusión lógica: La información que hemos aceptado en nuestra mente en relación a la riqueza y la prosperidad es contraria a la verdad de Dios. Le tienes que estar creyendo a alguien para tener las ideas que tienes, ya que tus pensamientos y sueños están formados por la información que recibiste de alguien, ya sea oralmente o por leer sus escritos. En última instancia, tú decides la fuente de tu información para creer y pensar que no hay esperanza en que las cosas mejoren, que es malo aspirar a una vida abundante y próspera, que es materialismo y falta de espiritualidad. ¿A quién le estás creyendo? ¿Por qué cuesta aceptar lo que está escrito en la Biblia en cuanto a que Dios quiere que seamos prósperos en todo? *(3 Juan 2)*

Te conviene...

Si lo puedes soñar, lo puedes lograr

Confío que para el momento que llegues a la conclusión de este libro, tú puedas responderte a ti mismo esas inquietudes. Por ahora, regresemos al concepto de la importancia de soñar. Así como es imprescindible soñar dormido, es aún más imprescindible soñar despierto. Está comprobado que las personas que tienen sueños, metas, visión o propósito a largo plazo, no padecen de depresión o aburrimiento. No se necesita elaborar mucho sobre esa declaración, porque es obvio que para aburrirse o deprimirse, la persona tiene que enfocarse en sus limitaciones inmediatas, reales o imaginarias, y tiene que rehusar aceptar que su actitud presente es la que forma su condición futura. En lugar de traer a su mente el presente, traiga el futuro, sueñe, transmita a su mente el bien y la prosperidad. Sin visión y sin un sueño en su mente, perderá todo dominio propio, se desenfrenará su alma mal entrenada, y empezará a perecer emocionalmente y, de seguir en ese proceso, también físicamente.

Siendo, pues, tan importante cuál es la fuente de abastecimiento para nuestra mente, podemos ver con más claridad por qué es que la astucia del enemigo para pelear con nosotros no es la de un ataque abierto, pues no podría ganarlo. Al contrario, recurre a sitiar nuestra mente, a evitar que alimentemos nuestra fe, para que el hambre lleve a muchos a comer cualquier cosa, y de esa manera, en lugar de alimentarse, se debiliten y sean presas fáciles de manipular, como lo ilustramos anteriormente con la analogía de los efectos en una ciudad sitiada.

PARA MEDITAR

Sueña....

Libertad financiera a la luz de la Biblia

Capítulo 11
Dos elementos básicos para el logro de los sueños

En mi caminar cristiano he entendido varios principios desde hace mucho tiempo, y fundamento mi comportamiento, mi fe y mi acción en ellos. Dos sobresalen y son los que forman una especie de rieles sobre los cuales desarrollo ese caminar y ese expresar mis convicciones:

a) El primero es la realidad de que en la vida solo hay un problema, no hay varios, y es la forma en la que respondemos a las circunstancias. Capta esto, porque puede revolucionar tu vida en la misma forma positiva que lo hizo conmigo. Permíteme ilustrar a lo que me refiero. Tanto Abraham como Moisés consideraron como problemas las circunstancias que les rodeaban y respondieron en sus propias fuerzas, no en el diseño o patrón de Dios. José, por otro lado, aunque también tuvo circunstancias adversas y tal vez más dramáticas que Abraham y Moisés, no las consideró como problemas, sino como retos a su fe; retos a su habilidad de mantenerse soñando a pesar de esas circunstancias adversas. Por lo tanto, no actuó en sus propias fuerzas, sino que esperó en el diseño o patrón de Dios.

> «…en la vida solo hay un problema, no hay varios, y es la forma en la que respondemos a las circunstancias…»

Este principio es tan importante porque vuelve a poner sobre cada uno de nosotros la responsabilidad personal de la condición en la que nos encontremos. Muchos resienten que se les diga que son los autores de su propio destino. Piensan que se les está acusando de incapaces o que se les está condenando por su condición, pero detente a considerar lo siguiente: Si tú te encuentras en la condición que estás por causa de eventos, personas o situaciones ajenas a tu capacidad o posibilidad de solucionarlas personalmente, es decir, si la respuesta escapa a tu poder de acción, entonces eres víctima de circunstancias. Eres una marioneta, cuyas cuerdas las maneja algo o alguien más, ajeno a ti, y tú no puedes hacer nada al respecto.

Por otro lado—sin importar las circunstancias y lo que otras personas hayan hecho, consciente o inconscientemente para dañarte—si tú reconoces que todas esas acciones, palabras, actitudes y demás condiciones negativas que han sido lanzadas contra ti están sujetas a tu voluntad personal, y tienen que recibir tu aprobación antes que puedan causarte algún daño, impedimento o limitación, entonces sigues siendo señor de tu destino. Tú decides cuáles cosas son retos y cuáles son problemas.

En su libro *Viajar en el tiempo*, el Doctor Lair Ribeiro hace una declaración que, al leerla por primera vez

Capítulo 11 Dos elementos básicos para el logro de los sueños

y sin continuar para ver el contexto en el que hace tal declaración, da la impresión de estar equivocada. Él dice que *nuestro pasado es como es porque nosotros somos como somos en el presente.* ¿Captas eso? Está diciendo que nuestro presente decide cómo fue nuestro pasado. Tradicionalmente, hemos dicho que somos como somos por lo que fue nuestro pasado, es decir, nuestro pasado decide como es nuestro presente.

«...los eventos pueden producir uno de dos efectos en nuestra vida, dependiendo de la emoción que asignemos a ellos...»

Antes de que reacciones como yo cuando lo leí por primera vez, déjame continuar y aclarar a qué se refiere el Doctor Ribeiro. Él expresa que, aunque no sea posible cambiar los hechos o acontecimientos del pasado, sí se puede cambiar el efecto que éstos han producido en nosotros. Incluso, afirma que ningún evento tiene emoción en sí mismo. Considera la muerte de un ser querido. Ante ella, se escuchan declaraciones diametralmente opuestas, tales como: Ya no tiene sentido seguir viviendo porque él o ella era la única razón de su existir... y la otra sería: Que se propone luchar y continuar adelante, porque ahora sí tiene razón de vivir, para honrar la memoria del ser querido y valorar lo que fue y significó para uno. La muerte de la persona, el evento en sí, no tiene emoción propia. Cada uno de los participantes decide qué emoción le atribuye o añade al evento y, desde luego, esa emoción será dependiente de la clase de información que la persona tenga con relación al evento. Recuerda cómo Jesús se refería a la muerte.

Basado en esa declaración, el Doctor Ribeiro dice que los eventos pueden producir uno de dos efectos en nuestra vida, dependiendo de la emoción que asignemos a ellos. *Si atribuimos un sentimiento negativo, el evento produce un trauma en nosotros. Si, por el contrario, le atribuimos un sentimiento positivo, el evento produce una experiencia en nosotros.* Es por eso que los eventos de nuestro pasado dependen de la información o creencias que hayamos tenido cuando éstos se suscitaron, y más aún, depende de la información o sentido de valores que tengamos en el presente y la forma en que reaccionaremos cuando pensemos en ellos. Permíteme expandir este concepto con un ejemplo personal. Durante mi niñez y adolescencia, desarrollé un resentimiento contra mi padre. La forma que yo miraba e interpretaba las cosas era que él era muy enojado, se embriagaba los fines de semana y amenazaba con golpear a mi mamá. Ese resentimiento se fue tornando en odio y cuando finalmente me fui de casa, la distancia solo puso una especie de indiferencia a mi condición, pero no la cambió. Con el correr del tiempo, se produjo el cambio en mi vida al tener una experiencia personal con el Dios justo de la Biblia, al reconocer mi necesidad de perdón, pero eso nuevamente recubrió mi resentimiento para con mi padre, más no lo solucionó.

Cada vez que yo miraba hacia atrás a esa experiencia de mi niñez, el mal sabor, el resentimiento estaba allí. No fue sino hasta que la Biblia me confrontó con la realidad de que yo me había constituido en juez de mi padre, en lugar de juzgar mi falta de respeto, irresponsabilidad y desobediencia, que mis sentimientos empezaron a cambiar. Conocí la historia de cómo mi padre había quedado huérfano desde muy niño, de cómo había sido criado sin amor paternal, de cómo parientes cercanos que supuestamente lo criaron se aprovecharon de su trabajo sin recompensarle, y cómo él tuvo que aprender a valérselas por sí mismo, con solo una educación de primer grado. A pesar de eso, nos crio a los nueve hijos que vivimos, de los trece que nacimos, con principios morales, con honestidad y demás valores éticos. Entonces mi entendimiento y apreciación de lo que había acontecido en mi niñez cambió. Pedí perdón a Dios y a mi padre, nuestra relación cambió y ahora cuando observo los acontecimientos que una vez me hicieron sentirme resentido, me siento agradecido por la clase de padre que Dios me dio y por los valores que inculcó en mi vida a través de él.

¿Te das cuenta de lo que eso significa en cuanto a los acontecimientos de nuestro pasado? Es la forma de pensar que tenemos en el presente la que dicta la forma de interpretar lo que aconteció en nuestro pasado. De allí que, aunque no podamos cambiar los eventos mismos en sí, sí podemos cambiar la forma de interpretarlos para cambiar los efectos de trauma en efectos de experiencia, tal como hice en mi caso personal. Consecuentemente, regresamos a ese primer elemento fundamental: **En la vida solo hay un problema, y es la actitud con la que nosotros afrontamos las circunstancias.** Estas pueden ser retos para desarrollar nuestro mayor potencial y convertirse en experiencia con la cual triunfar en la vida, o pueden ser traumas que nos esclavicen y nos vuelvan inoperantes, víctimas de las circunstancias sin capacidad de cambiar y trazar nuestro propio destino.

«…la vida victoriosa, es como caminar hacia arriba en una escalera eléctrica que viene hacia abajo…»

b) La segunda cosa que he entendido y practicado es que la vida cristiana, o sea la vida victoriosa, es como caminar hacia arriba en una escalera eléctrica que viene hacia abajo. Si alguna vez tú lo has intentado, te habrás dado cuenta de que debido a que la escalera baja a una velocidad lenta—para evitar accidentes—si te mantienes dando pasos para arriba, puedes subir, aunque la escalera venga para abajo. Pero si llegas a pensar que ya estás lo suficientemente alto o al menos más alto que los demás y dejas de seguir caminando, inmediatamente empiezas a descender, porque no puedes quedarte en ningún nivel alcanzado. Eso ilustra que, aunque las circunstancias sean negativas y con tendencia a bajar y a empeorar, no hay nada que pueda impedirnos triunfar e ir para arriba excepto el que no hagamos nada al respecto. También demuestra que quien no está creciendo continuamente, en su entendimiento, actitud, carácter, etc., está descendiendo, porque no hay forma de quedarse en el mismo nivel. La Biblia lo describe de esta manera: «*Más la senda de los justos es como la luz de la aurora, que va en aumento hasta que el día es perfecto*». *(Proverbios 4.18 RVR1960)* La luz del sol no se detiene en su crecimiento. Es probable que en ciertos momentos alguna nube o una tormenta la oculte de nuestra vista, pero, aunque no la veamos, sigue su trayectoria, sigue «aumentando» o «creciendo» hasta llegar a su máxima expresión.

Tú eres quien asigna sentimientos a los eventos que ocurren en tu vida.

¿Pudiste darte cuenta?

Estos dos principios se aplican a todo aspecto y a toda circunstancia de tu vida. Los puede aplicar un estudiante, un miembro de la familia, alguien en una congregación, un jefe o empleado en su situación laboral, etc. Quien aprende a aceptar responsabilidad personal de sus emociones, pensamientos y acciones, y luego se propone a continuar aprendiendo, cambiando y creciendo para solucionarlas, es una persona que nada ni nadie podrá detener de alcanzar sus sueños y la visión que tenga. Enfatizo que no importa la condición socio económica, cultural, religiosa, ni de ninguna otra clase en la que te encuentres al inicio de tu jornada. Lo que cuenta es la

Capítulo 11 Dos elementos básicos para el logro de los sueños

actitud que tomes y los pasos que empieces a dar para cambiar tu condición, y no solo salir del sitio que ha mantenido tu mente esclavizada, sino que debes convertirte en portador de buenas nuevas para liberar a muchos otros. Que es cierto y que se puede lograr, también lo ilustra la misma narración del sitio de Samaria, como veremos en el capítulo 13.

PARA MEDITAR

1. En la vida, realmente solo existe un problema. ¿Cuál es?

2. Define cómo debería ser tu actitud correcta.

Capítulo 12
La muerte de la visión

¿Conoces el concepto de «La Muerte de la Visión»? Aparentemente suena a que es algo malo, porque cada vez que hablamos de muerte, le atribuimos una connotación negativa, pero detente a considerar y notarás que es precisamente a través del proceso de morir que suceden muchas cosas positivas. En la declaración inicial de la comisión que Dios dio, de fructificar y multiplicarse, tanto a la naturaleza como al ser humano, está implícito el proceso de la muerte, porque la semilla que producirá la nueva vida se encuentra en el fruto y éste tiene que morir para poder dar a luz la vida que está dentro de él. Esa vida es más grande que la que murió y de mejor calidad. El ejemplo más claro y contundente lo encontramos en las palabras de Jesús cuando está enseñando a sus discípulos acerca de su propia muerte. En el pasaje de Juan 12.23-25 vemos la grandeza de la muerte de la visión, en lugar de lo aparentemente negativo del proceso. *«Jesús les respondió diciendo: Ha llegado la hora para que el Hijo del Hombre sea glorificado. De cierto, de cierto os digo que, si el grano de trigo no cae en la tierra y muere, queda solo; pero si muere, lleva mucho fruto. El que ama su vida, la perderá; y el que aborrece su vida en este mundo, para vida eterna la guardará.» (RVR1960)*

«La Ley del Uso es contundente al afirmar que todo aquello que no se usa, se pierde»

En primer lugar, ve que Jesús no señala su muerte, ni se refiere a ella, como algo negativo. En esa oportunidad, la describe como la puerta o instrumento a través del cual será glorificado. En el capítulo 13 del mismo libro de San Juan, nuevamente menciona su muerte, solo que allí la señala como *«su hora de pasar de este mundo al Padre». (Véase Juan 13.1 RVR1960)* En Mateo 16.21–26 tenemos el evento cuando Pedro, al oír que Jesús habla de su muerte, trata de disuadirlo, o sea, que trata de salvar su vida. Jesús responde que esa actitud es resultado de ignorar la verdad, la voluntad y el diseño de Dios; y que, al hacerlo así, al valorar la vida desde la perspectiva que el mundo la valora y tratar de salvarla, realmente se está perdiendo, pues no está cumpliendo su propósito. Razona esto: ¿Para qué sirve tener un barco, si por evitar el riesgo de que se hunda, nunca lo sacas a navegar? De igual manera, un avión que no lo dejes volar o un automóvil que no saques a conducir para evitar choques o accidentes, ¿para qué sirve? Solo te sirve de adorno y temporalmente, porque la ley del uso es contundente al afirmar que todo aquello que no se usa se pierde.

De igual manera, nuestra vida tiene un propósito claro y definido: somos hechos a la imagen de Dios para reflejar su gloria y su verdad aquí en la tierra. Desde un principio, nos comisionó para señorear sobre la creación, para ser sus embajadores y administrar su propiedad. La desobediencia de Adán hizo que se desvirtuara esa verdad, y por muchos años, la iglesia ha pensado que nuestra vida no tenía razón de ser aquí en la tierra, sino que debemos buscar ir al cielo, lo

Capítulo 12 La muerte de la visión

cual equivale a tener el barco atracado, el avión en tierra y el automóvil guardado. Pero luego aparece Jesús restaurando la verdad original, y nos enseña a orar que el Reino de Dios debe venir aquí a la tierra y que su voluntad se debe cumplir aquí en la tierra como es hecha en el cielo. Nos dice, en otras palabras, saquen el barco de sus vidas a alta mar; eleven el vuelo y remóntense por las alturas a las que les he llamado; conduzcan por las calles y desplácense de un lado a otro hasta que la tierra se llene del conocimiento y de la gloria del Señor. Al hacerlo así, aparentemente, desde la perspectiva de todos los otros que no han renovado su entendimiento y siguen pensando con la actitud de esperar que todo termine aquí para irse al cielo, eso es perder la vida. Pero a la luz de la verdad de Dios eso es salvarla, darle su verdadero propósito y razón de ser. Si te das cuenta, en ese proceso hay tres etapas claramente marcadas:

1. La primera es cuando Dios da el mandato o visión por medio de decirnos nuestra meta o razón de ser creados: Señorear sobre la tierra y toda su creación.

2. La segunda etapa es cuando, por diferentes circunstancias que se inician con la desobediencia de Adán, se muere esa visión. Se pierde el propósito de señorear y se torna en una esperanza de salir de este mundo para encontrar la paz, la felicidad y la vida eterna y

3. La tercera etapa es cuando Jesús proclama nuevamente que los que le obedezcan recibirán la tierra como heredad y comisiona nuevamente a la humanidad, por medio de sus discípulos, a pedir que, en lugar de irse al cielo—al Reino de Dios—el Reino venga a nosotros aquí a la tierra y se haga su voluntad. Luego les ordena hacer discípulas a las naciones y enseñarles a retomar esa gran comisión que dio a Adán de fructificar, llenar la tierra y sojuzgarla señoreando sobre toda la creación.

Lo mismo pasa con la visión. ***Aunque es Dios quien nos da la visión y su deseo es que se cumpla en nosotros, primero*** *tiene que pasar por el proceso de ser probada para desarrollar en nosotros el carácter y los demás elementos, actitudes y sentido de valores que harán del cumplimiento de la visión algo grandioso.*

¿Por qué es tan importante?

La visión es fundamental para nuestro destino, ya que donde no se tiene visión, se está destinado a perecer; por lo tanto, consideremos más detenidamente ese proceso para saber cómo cooperar con él. Básicamente consiste en tres etapas:

1. La primera es cuando Dios da un sueño o visión. Puede considerarse un llamado, un deseo ferviente o un propósito en la vida.

2. En la segunda etapa, aparecen las circunstancias y condiciones en las que nos desarrollamos o encontramos, las cuales matan esa visión o sueño, haciéndolo aparentemente imposible de lograr. Esta es la etapa más delicada e importante, pues se puede perder esa visión o se pueden desarrollar los elementos necesarios para su logro.

3. La tercera etapa es cuando Dios resucita o restaura esa visión por medio de regresarnos a creer su Palabra por encima de las circunstancias y aun a pesar de ellas. Lo que es importante añadir en ese proceso de cumplirse la visión es el hecho de que a veces su cumplimiento es de forma distinta a la que nosotros pensaríamos.

Veamos algunos ejemplos bíblicos para ilustrar ese proceso:

Comencemos con Abraham: En la primera etapa, según la narración del Génesis, Dios le da la visión cuando le dice: «*Pero Jehová había dicho a Abram: Vete de tu tierra y de tu parentela y de la casa de tu padre a la tierra que te mostraré. Y haré de ti una nación grande y te bendeciré y engrandeceré tu nombre, y serás bendición*». *(Génesis 12.1–2 RVR1960)* Esta

Capítulo 12 La muerte de la visión

visión es más que legítima, ya que viene directamente de Dios; no es tan solo un sueño ilusorio de Abraham.

En la segunda etapa del proceso, que se llama la muerte de la visión, sabemos que el elemento clave para el cumplimiento de esta visión era la descendencia de Abraham. No podría ser padre de una nación grande mientras no tuviera por lo menos un hijo, y no podrían ser benditas en él todas las familias de la tierra, mientras él no pudiera tener la suya primero. La realidad de Abraham parecía ser todo lo contrario de la visión que Dios le había dado:

1. Su edad era bastante avanzada y no le quedaba mucho tiempo para desarrollar la visión,

2. Sara, su esposa, era estéril y no había podido darle hijos en su juventud y vigor, y ahora en su vejez sería más difícil que se los diera.

> «El único elemento necesario para ser prósperos en todo lo que hagamos, es obedecer Su mandato por encima de todo...»

Considera esos elementos, porque ahora que pasemos a explicar por qué es tan importante esta segunda etapa, tú podrás identificar cómo se están desarrollando esos mismos elementos en tu propia vida. Es mi deseo y oración que puedas comprender la voluntad de Dios y lo que tú tienes que hacer para resucitar tu visión y verla llegar a su cumplimiento. El gran peligro que se corre en este momento no es el de decepcionarse y desistir de la visión, sino el de querer cumplirla por nuestros propios medios y esfuerzo. Esta etapa es el taller de Dios en el cual Él está interesado en que aprendamos la única lección importante. El único elemento o ingrediente necesario para ser próspero en todo lo que hagamos es el obedecer su mandato por encima de todo, sin importar las apariencias o circunstancias que nos rodeen. *A eso es lo que la Biblia le llama fe: el no darle importancia a lo que vemos y oímos o lo que diga la mayoría de las personas, ya que tenemos la persuasión de lo que todavía no se ve, pero que, si Dios lo dijo, se cumplirá.*

En esta etapa, el enemigo nos tentará para tratar de hacernos perder la visión, y es lamentable que en muchos casos ha tenido éxito con su sistema. Debemos tener claro que el enemigo solo puede afectarnos si nosotros le damos cabida en nuestra mente, en nuestra forma de pensar y de evaluar las cosas, ya que él no tiene ningún poder para causarnos daño externo. Aquí entran en juego las apariencias, las tradiciones y una gran cantidad de personas que te dirán que el enemigo sí tiene poder sobre ti y sobre tu visión, y entonces, debes creer que, según la Biblia, la Palabra de Dios, el enemigo no tiene ningún poder para dañarte. Aquí comienza el entrenamiento, ¿podrás creer la Palabra de Dios, aunque las circunstancias, las tradiciones culturales y las personas digan otra cosa? Recuerda: El ataque del enemigo vendrá como pensamientos que nos insinuarán que actuemos por nuestros propios medios. La insinuación no será encaminada a desobedecer a Dios abiertamente, sino precisamente lo contrario; nos dirá que obedezcamos a Dios sin más demora. ¿Te parece conflictivo o confuso el pensar que el enemigo te inste a obedecer a Dios? Veamos la astucia del enemigo para engañar, que es lo único que puede hacer para dañarnos, y eso es precisamente lo que trata de hacer en este proceso. En el caso de Abraham, todas las circunstancias y las apariencias indicaban que el tiempo pasaba y que cada vez se hacía más difícil ver el cumplimiento de la visión. Por lo tanto, la esposa sugiere que se actúe de acuerdo a las costumbres y tradiciones aceptadas por la sociedad de ese entonces, que Abraham tome a su sierva Agar para que tenga el hijo que inicie la multiplicación prometida por Dios.

Fíjate en este guion:

Permíteme elaborar un pequeño drama de lo que pudo haber pasado para ilustrar el ataque o tentación del enemigo a la

Capítulo 12 La muerte de la visión

mente de las personas. Pudo comenzar con una pregunta a Abraham más o menos así:

—¿No te dijo Dios que serás padre de multitudes y que en ti serán benditas las naciones de la tierra?

—Sí, así es. Me dijo que mi descendencia será incontable como las estrellas del cielo o la arena de la mar.

—¿Pero estás seguro de que fue Dios quien te habló? Porque ha pasado tanto tiempo, y a juzgar por tu edad y la esterilidad de Sara, no se ve posibilidad de hacerlo.

—Sí, pero Dios lo dijo, estoy cien por ciento seguro que es su voluntad.

—Bueno, de ser así y como en Dios no hay falla, ¿no será que tú no estás haciendo tu parte y estás estorbando a Dios, deteniendo su voluntad?

—Pero… ¿En qué forma puedo yo estorbar a Dios? Salí de mi tierra según Él me ordenó y en todo le he seguido.

—Precisamente; porque eres un buen siervo, Él confía que tu harás lo correcto. Y como es a ti a quien dio la promesa, seguramente espera que la cumplirás y Él sabe que tú estás dispuesto, que el problema en realidad es la esterilidad de Sara. Desde luego, es Dios quien abre y cierra el vientre, así que no te puede culpar de eso. Pero qué raro que te ordenara hacer algo que no puedes; solo que hubiera algún otro medio… A propósito, ¿no es costumbre lícita que cuando una mujer no puede dar a luz, se toma la sierva para que ésta le sirva al esposo y pueda así tener descendencia?

—Sí, así se ha practicado por años.

—Entonces ese ha de ser el problema; eres tú quien está deteniendo la voluntad de Dios y dejando pasar el tiempo.

¿Qué esperas? Cumple la voluntad de Dios.

Como puedes darte cuenta, *la tentación es tratar de cumplir la voluntad de Dios por tus propias fuerzas y métodos, aunque éstos sean aceptados por la sociedad y la gran mayoría esté de acuerdo*. En el caso de Abraham, el resultado de esa actitud es Ismael, quien desde pequeño persiguió y se burló de Isaac y hasta la fecha le sigue causando problemas. Aunque Dios perdonó a Abraham, de todos modos, los hijos de la promesa están sufriendo el fruto de lo sembrado. No basta con arrepentirse, porque Dios no contradice Su Palabra, y hay casos en que el fruto o resultado del mal cometido acompaña a la persona por el resto de su vida. Dios le hace ver a Abraham que la promesa no es a través de la esclava, sino a través de su esposa, y es así como finalmente nace Isaac. Años después, Dios vuelve a hablar a Abraham pidiéndole que sacrifique a Isaac. Todas las circunstancias están ahora mucho más difíciles, porque Abraham y Sara están más avanzados en edad. Si Isaac muere, ya no hay esperanza, pero Abraham ha aprendido la lección anterior y ahora sabe que Dios puede resucitar a Isaac, si fuese necesario, y no trata de cumplir la voluntad de Dios según sus fuerzas y entendimiento. Por lo tanto, la visión es resucitada y cumplida.

Moisés es salvado de las aguas con una visión: Liberar al pueblo de la esclavitud. En el segundo paso del proceso, el de la muerte de la visión, Moisés también cede al engaño del enemigo y trata de cumplir la voluntad de Dios salvando a un judío con su propia fuerza, lo que le ocasiona problemas que lo hacen huir al desierto y pasar cuarenta años en la escuela de Dios. Cuando Dios lo comisiona para cumplir la visión, Moisés ya ha perdido toda confianza en su propia habilidad y se somete al método de Dios, y así se resucita el cumplimiento de la visión.

Un ejemplo más…

José, el hijo de Jacob, ilustra la forma positiva, lo que se espera de nosotros en ese segundo paso o elemento de la muerte de la visión.

Capítulo 12 La muerte de la visión

La visión se le presenta por medio de dos sueños en los cuales Dios revela que José, aunque es el hijo número once, será el primogénito entre sus hermanos, y éstos se postrarán ante él. Desde luego, eso no agradó nada a los hermanos, pero en el segundo sueño Dios le revela que aun su padre, en relación o representación de toda la nación de Israel, se postrará ante José, pues Dios lo hará grande en la nación y eso también confunde al padre. *(Génesis 37.5–10)*

En el proceso de la muerte de la visión, los hermanos piensan matarlo, pero deciden venderlo como esclavo y hasta añaden la frase: «...*y veremos qué será de sus sueños*». *(Génesis 37.20 RVR1960)* Es en ese momento donde José pasa al taller de Dios, y donde el enemigo tratará de inducirlo a que «cumpla la voluntad de Dios» por sus propios medios y fuerzas. La narración bíblica nos dice que José es bendecido por Dios y prospera de tal manera ante Potifar, su amo, que éste le pone a cargo de todos sus negocios y aun sobre los asuntos de su casa. Eso no parece ser malo ni contrario a la visión que Dios le dio, hasta que se empieza a manifestar el enemigo a través de la esposa de su amo, insinuándole que tengan relaciones sexuales. La narración por sí sola no presenta la clase de tentación tan grande que representaba para José este ofrecimiento. Recordemos que José es un soñador y que tiene presente la visión que Dios le ha dado. Conforme prospera en los negocios de su amo, está adquiriendo una posición de mando, de autoridad, para desarrollar todos los negocios de Potifar. El hecho de entrar y salir, con toda libertad, en la casa de Potifar le ha permitido enterarse de las responsabilidades y compromisos de su amo, de la clase de vida que lleva en casa, etc. De allí que se desarrolle cierto nivel de relación con la esposa de su amo, y ésta llegue a proponerle que tengan, más que solo relaciones sexuales, una relación de amantes.

Repito que, si lo vemos fríamente y sin ninguna emoción—como lo presentan las páginas de la Biblia—estamos perdiendo el elemento humano de la mente y las emociones de José, que definitivamente se vieron involucradas; por lo tanto, permíteme elaborar otra vez una especie de drama para ilustrar el punto.

Durante su estadía y servicio en la casa, seguramente la esposa de Potifar haya preguntado a José por qué le vendieron sus hermanos. Siendo un esclavo, José debe de haber dicho la verdad, y al conocer la verdad, aunado al aspecto físico de hombre apuesto que tenía José, seguramente despertó admiración, que más adelante se tornó en pasión o deseo en la esposa de Potifar. En el caso de José, estando solo y, alejado de su padre, el encontrar con quien conversar de sus sueños y de su situación, pudo llevarle a desarrollar algún nivel de confianza, de esperanza y de gratitud. Ese sentimiento de gratitud pudo haber sido el más explotado por el enemigo para tratar de robarle su visión. La esposa de Potifar pudo hablar de lo sola que se sentía, de lo poco que Potifar la apreciaba. En fin, hay varias razones por las cuales se identificaba con la soledad y condición de José, y aun pudo haber insinuado que, si desarrollaban una relación, ella podría usar su posición e influencia para que los hermanos de José se postrasen ante él y se cumpliese así su visión. Sabemos que José mantuvo su integridad, rehusándose a pecar contra Dios y su amo, lo que le costó ser enviado a la cárcel y, «aparentemente», arruinar aún más su posibilidad de lograr su visión.

En la cárcel, vuelve a experimentar el favor de Dios, y en lugar de ser un preso más, llega a ser el encargado de todos los asuntos que allí se desarrollaban. *(Génesis 39.21-23)* Con el correr del tiempo, interpreta los sueños del copero y del panadero de Faraón, los cuales se cumplen tal como él dijo. Eso sirve de llave para que, **años después**, cuando Faraón tiene un sueño y nadie lo puede revelar, el copero se acuerde de José, quien es puesto en libertad. Después de interpretar el sueño y sugerir qué hacer al respecto, Faraón lo nombra su segundo en poder y autoridad. Cuando José menos lo piensa, sus hermanos y su padre vienen a estar bajo su cuidado y provisión, cumpliéndose así la visión.

Capítulo 12 La muerte de la visión

«...no sucumbir ante la tentación del enemigo, que quiere robarnos nuestro sueño...»

Un aspecto sumamente importante que esto nos enseña con relación a nuestros sueños, es a no sucumbir ante la tentación del enemigo, que quiere robarnos nuestro sueño. Obviamente, José no perdió su visión ni cedió ante la tentación, porque era un soñador y mantuvo viva la visión por medio de soñar despierto. Ese debe ser el paso primordial en nuestro desarrollo de los sueños, mantenernos soñando despiertos, mantener delante de nuestra mente aquello que deseamos, no la condición aparente en la que nos encontramos. Precisamente eso es lo que dice la Biblia acerca de Jesús en Hebreos 12.2: *«...el cual por el gozo puesto delante de él sufrió la cruz, menospreciando el oprobio, y se sentó a la diestra del trono de Dios».* (RVR1960) José hizo lo mismo; no consideró el mal que le habían hecho sus hermanos ni la mentira de la esposa de Potifar, sino que se mantuvo soñando, mantuvo delante de él el gozo del cumplimiento de la visión.

Esa actitud le permitió reconocer:

1. **La soberanía de Dios y que Él es quien ordena nuestros pasos.** Aquí no me refiero a los pecados o negligencia personal, ya que hay muchas personas que se encuentran mal y dicen que es la voluntad de Dios, cuando sencillamente están cosechando lo que han sembrado o es el resultado de su negligencia. En el caso de José, vemos que no es por ninguna de esas razones que se encuentra en la condición que está, de allí que sí se pueda confiar en la providencia de Dios. De hecho, él lo declara así cuando dice a sus hermanos: *«Así, pues, no me enviasteis acá vosotros, sino Dios, que me ha puesto por padre de Faraón y por señor de toda su casa, y por gobernador en toda la tierra de Egipto».* (Génesis 45.8 RVR1960)

2. El principio **de aceptar responsabilidad personal por la condición en la que nos encontremos.**

¿Robar nuestros sueños?

No permitas que nadie te robe tus sueños

Una de las formas más comunes por las cuales muchas personas se dejan robar sus sueños es por buscar a qué personas o circunstancias culpar de su condición personal. Quienes estén buscando en su pasado, o incluso en su presente, la razón por la cual no pueden cambiar o por qué son como son o el mal que les hicieron, limitándolos de una u otra manera, nunca lograrán sus sueños, si es que los tienen. Jesús no culpó a Pilato por el juicio injusto e ilegítimo al que lo sometió. Todo lo contrario, le declaró que quien le había entregado a Pilato era el digno de culpa. *(Juan 19.11)* De igual manera, José no culpó a sus hermanos por su condición, aunque tampoco justificó la mala actitud y el mal actuar de ellos. Sus palabras son muy claras y contundentes cuando les dice: «*…No temáis; ¿acaso estoy yo en lugar de Dios? Vosotros pensasteis mal contra mí, mas Dios lo encaminó a bien, para hacer lo que vemos hoy, para mantener en vida a mucho pueblo…*». *(Génesis 50.19–20 RVR1960)* Reconoció el mal obrar de ellos, pero también respetó la voluntad de Dios. Si hubiese tratado de vengarse o se hubiese lamentado de su mala suerte, hubiera limitado el que Dios lo pudiera usar y hubiera permitido que le robaran su sueño. Sin embargo, por ser un soñador, mantuvo viva la visión dentro de él, aunque aparentemente murió por las circunstancias, y Dios la resucitó y la llevó a su cumplimiento.

Esta capacidad de poder soñar despierto es básica para poder alcanzar la libertad financiera. En consecuencia, el entender a cabalidad y poder practicar los dos elementos fundamentales que José nos ilustra nos ayudará a hacer realidad nuestra visión.

PARA MEDITAR

El refrán popular dice: «El fin justifica los medios». ¿Cómo encaja eso con el paso dos en el proceso de la muerte de la visión?

Capítulo 13
El sitio de Samaria: El sitio de la mente

Antes de iniciar este capítulo, quiero recordarte que la astucia del enemigo también ha consistido en cambiar el significado a las cosas. A manera de ilustración, considera qué viene a tu mente cuando lees o escuchas acerca de un asno o burro. ¿Lo asocias con ser tonto? La mayoría de las personas sí, y de esa manera no pueden sacar una aplicación más amplia de lo que se está describiendo.

Pasemos a considerar el sitio de Samaria, según se encuentra en el segundo libro de Reyes desde el versículo 24 del capítulo 6, hasta el fin del capítulo 7. Lo que me interesa considerar es que, a causa del hambre, se mencionan tres cosas específicas: cabeza de asno, estiércol de paloma e hijos comidos. Al tener en mente que la astucia del enemigo es cortar la comunicación con la fuente de alimento mental y espiritual—la Palabra de Dios—estudiemos la siguiente ilustración e identifiquemos qué simbolizan o ilustran los elementos mencionados en cuanto a nuestra forma de pensar y nuestro sentido de valores. El pasaje dice textualmente así: «*Y hubo gran hambre en Samaria, a consecuencia de aquel sitio; tanto que la* **cabeza de un asno** *se vendía por ochenta piezas de plata, y la cuarta parte de un cab de* **estiércol de palomas** *por cinco piezas de plata... Y le dijo el rey: ¿Qué tienes? Ella respondió: Esta mujer me dijo: Da acá* **tu hijo, y comámoslo** *hoy, y mañana comeremos el* **mío**. *Cocimos, pues, a mi hijo y lo comimos...». (2 Reyes 6.25–29 RVR1960)* ¿Qué significa cada cosa?

«...el asno simboliza la obstinación, la actitud interna de apoyarse en su propia prudencia ... la cabeza de asno simboliza al humanismo...»

---

a) La Biblia no menciona eventos solo para llenar espacio. Por lo tanto, consideremos el primer elemento mencionado: El asno no es un ser tonto. El asno simboliza la obstinación, la actitud interna de apoyarse en su propia prudencia, lo cual puede evidenciarse externamente en formas torpes y hasta estúpidas, pero debe quedar claro que no es por ignorancia, sino por determinación. El diccionario Webster dice de obstinado: «Adherirse tenazmente a una opinión o propósito; afianzarse firmemente en una resolución sin rendirse a la razón, a argumentos o cualquier otro medio». La cabeza de asno simboliza el humanismo. Es la mente que no es alimentada con los principios, normas, leyes y estatutos de la Palabra de Dios. Es la obstinación de querer poner al ser humano como centro de la existencia y la creación, tratando que todo gire a su alrededor y encuentre su razón de ser en él. Es esa obstinación la que ha llevado al hombre a crear teorías o suposiciones como la de la evolución del hombre, la cual no acepta que el hombre fue creado y quiere encontrar otro origen al ser humano.

Trayéndolo a nuestro contexto de libertad financiera

Capítulo 13 El sitio de Samaria: El sitio de la mente

y específicamente a la habilidad de soñar y visualizar nuestro destino, la obstinación o humanismo es llevar la contraria al «escrito está». Obstinación es llamar inmundo a lo que Dios limpió. Por ejemplo, las riquezas y la prosperidad material, para justificar el permanecer en un estado limitado y mediocre, contrario al deseo de Dios. Obstinación es negar la importancia de los sueños, atribuyéndolos a falsas religiones o influencias satánicas, porque el que nos creó a Su imagen nos creó con la habilidad de soñar. Aunque tú no lo creas, Dios sueña. Para corroborarlo, veamos algunas porciones de la Biblia.

Colosenses 1.16: «Porque en él fueron creadas todas las cosas que están en los cielos y en la tierra, visibles e invisibles, sean tronos, dominios, principados o autoridades. Todo fue creado por medio de él y para él». (RVA-2015) Obviamente, cuando dice «en Él», se refiere a su mente, a su pensamiento, lo cual es fácil de corroborar con solo remontarnos al principio de la creación según está narrado en Génesis. Vemos que de la nada, Dios habló las cosas y éstas existieron. Hebreos 11.3 atestigua de lo mismo cuando dice: *«Por la fe comprendemos que el universo fue constituido por la Palabra de Dios, de modo que lo que se ve fue hecho de lo que no se veía».* (RVA-2015) ¿En dónde estaba antes que se viese? En la mente de Dios. Si nos despojamos de las ideas preconcebidas y de los temores religiosos en cuanto al tema, podremos darnos cuenta de que de hecho todas las cosas se crean así. Es decir, primero son una idea, un proyecto, una meta en la mente, y después se llevan a la práctica en el aspecto material.

Romanos 1.20 también nos presenta el mismo concepto de que lo material es resultado y la forma o evidencia de entender lo espiritual o invisible, cuando dice: *«Porque las cosas invisibles de él, su eterno poder y deidad, se hacen claramente visibles desde la creación del mundo, siendo entendidas por medio de las cosas hechas, de modo que no tienen excusa». (RVR1960)*

Recuerda lo que dijimos en el capítulo 4 de la primera parte de este libro en cuanto a que las ideas tienen efectos económicos, y considera el ejemplo de un arquitecto. Él llega a un terreno baldío o con diferentes árboles, pendientes o montones de tierra, etc., y en su mente empieza a crear la forma, el tamaño y los demás elementos que llenen sus especificaciones para crear una casa o un edificio. Lo primero que hizo fue crearlo en su mente, antes de crearlo en lo material. Si a eso le añadimos lo que dice Efesios 2.10, que somos el «poema» de Cristo (la palabra «hechura» es *poiema* en griego), nos será más fácil entender que toda la creación existió primero en la mente de Dios antes de que la proyectara y la hiciera visible.

Apliquemos a este texto lo que dije de los niños al decirles que vamos a ir a Disney World. Imagina en tu mente lo que significa ser poema de Dios. Comienza por meditar acerca de lo que es un poema. El diccionario Webster dice en parte de su definición de poema: «Este término también se usa en algunas composiciones en las cuales el lenguaje es aquel de imaginación animada, inflamada, estimulada, como los poemas de Ossian». Añade a eso que la mayoría de los poemas son descripciones o cantos de amor, y llegamos a la conclusión que un poema es la inspiración de una persona, los pensamientos, sentimientos y deseos que hay en su mente y corazón. Buscan la forma de ser expresados en palabras, música, pintura o escultura. Ahora considera que tú eres el poema de Dios y alimenta esa verdad con tus sueños. Yo lo hago de esta manera: Me miro en el espejo y en lugar de enfocarme en mis rasgos físicos materiales, me imagino que Dios dijo algo como: «Quiero expresar parte de mi naturaleza, parte de mi grandeza, parte de mi creatividad ilimitada, parte de mi amor eterno, parte de mi omnipotencia, en fin, parte de

Capítulo 13 El sitio de Samaria: El sitio de la mente

mi». Y luego se inspiró y me formó a mí. Así que cuando me veo en el espejo, veo la inspiración de Dios; no hay cabida en mi mente para complejos de inferioridad, inseguridad de mi origen, falta de propósito en la vida o temor del futuro, porque soy poema de Dios, creado por Él mismo para expresar Su gloria y Su voluntad. ¿Te puedes dar cuenta lo que alimentan esas palabras de Papá y lo que pueden hacer en tu vida? Eso me asegura que Dios está de mi lado, que quiere que tenga gozo, paz, prosperidad, etc. y lo que yo tengo que hacer es empezar a verme así. Los obstinados encuentran problema con eso y critican esa forma de pensar, diciendo que es irreal, fantasiosa y prefieren parecer sobrios, no hacer el ridículo de soñar. ¿Qué piensas tú? ¿Está escrito así o no? ¿Lo dice Dios en Su Palabra o me lo imagino yo?

«...al querer perpetuar la forma de ese evento, experiencia o enseñanza, se convierte en religiosidad...»

---

b) El segundo elemento que el sitio de Samaria nos presenta es el estiércol de paloma. Razonemos lo que es el estiércol para buscar la analogía o simbolismo de este elemento. Si lo ponemos de una forma simple, el estiércol es una comida digerida que ya no tiene valor nutritivo. Pudo haber sido la comida más sustanciosa y alimenticia cuando se comió por primera vez, pero ahora solo queda la memoria de ella, y no importa cuánto se recuerde y se reviva el momento en que se comió; ya no puede satisfacer ni alimentar a la persona. Es importante considerar también que, bíblicamente, la paloma simboliza al Espíritu Santo. Por lo tanto, la aplicación nos habla de algo que Dios hizo, de una experiencia u obra que, en su momento y contexto correcto, el Espíritu Santo usó para producir un cambio de vida, un avivamiento, un milagro, etc., pero que, al querer perpetuar la forma

193

o apariencia de ese evento, experiencia o enseñanza, se convierte en religiosidad.

> «De hecho, es la religiosidad la que más daño ha causado a la realidad de nuestra identidad espiritual y nuestro llamado a señorear sobre la creación de Dios»

La narración bíblica no especifica si en ese entonces se comía el estiércol o no, aunque el contexto es el de hambre, y en los dos otros casos (cabeza de asno e hijos) sí se trata de comer. Aunque se le añadiera toda clase de sazón y condimentos al estiércol de paloma y se lograra darle algún sabor agradable, lo único que se conseguiría sería un sentido de estar llenos, pero no alimentados; eventualmente esa falta de nutrición terminaría en enfermedad y muerte.

La aplicación al sitio de la mente es sencilla en ese contexto. Mucha gente se siente satisfecha con sus prácticas, tradiciones y ritos religiosos, los cuales acallan su conciencia y justifican su condición y su sentido de valores. Pero eso no los exonera de estar llevándole la contraria a la verdad de Dios y solo pueden esperar un resultado: ser desechados como aquél que guardó el talento, basado en su propio entendimiento de Dios, y no actuó de acuerdo a la directriz u ordenanza que Dios había dado. *(Mateo 25.24–30)*

Existe también otra interpretación válida en cuanto a que el estiércol de paloma se usaba como combustible, pues no se podía salir a cortar leña. De hecho, en Ezequiel 4.15, encontramos que Dios le dice al profeta que cocine con estiércol de vaca. Aun así, la ilustración cobra más relevancia, pues nos señala la religiosidad como el

Capítulo 13 El sitio de Samaria: El sitio de la mente

combustible que ilumina, calienta y cuece aquello con lo que alimentamos nuestra mente. De hecho, es la religiosidad la que más daño ha causado a la realidad de nuestra identidad espiritual y nuestro llamado a señorear sobre la creación de Dios. La religiosidad necesita mantener a las personas con miedo y necesitadas para poder controlarlas, de allí que, en lugar de enseñarles su verdadero potencial por ser creados a la imagen de Dios, les condena si tratan de prosperar y de aspirar a una mejor condición de vida. Les hace sentirse pecadores, materialistas, mundanos faltos de espiritualidad, cuando la única realidad es que, si llegaran a descubrir su verdadera identidad y propósito, se librarían del yugo de los que toman la piedad como fuente de ganancia. *(1 Timoteo 6.3)*

«...Tú piensas lo que quieres y, según tu pensamiento, así eres tú»

La religiosidad explota y promueve el concepto de pobreza, igualándolo con humildad. Ahora bien, esos errores no justifican a nadie de permanecer en esa condición, porque la Biblia está al alcance y disposición de todo aquel que quiera conocer la verdad y ser libre de su esclavitud. El mensaje que se repite continuamente a lo largo de la Biblia es que estás donde estás porque quieres. Uno de los textos más claros y contundentes al respecto es Deuteronomio 30.19–20: «*A los cielos y a la tierra llamo por testigos hoy contra vosotros, que os he puesto delante la vida y la muerte, la bendición y la maldición; escoge, pues, la vida, para que vivas tú y tu descendencia; amando a Jehová tu Dios, atendiendo a su voz y siguiéndole a él; porque él es vida para ti y prolongación de tus días; a fin de que habites sobre la tierra que juró Jehová a tus padres, Abraham, Isaac y Jacob, que les había de dar*». *(RVR1960)* Nota que Dios nos da a escoger y nos aclara que la forma de elegir la vida y la bendición es por medio de amar a Dios, que es el primer mandamiento de su ley, y atendiendo su voz o sea obedeciendo su palabra, lo cual se resume en seguirle a Él. Por consiguiente, no hay forma de equivocarse y creer esos falsos conceptos religiosos que contradicen la verdad de Dios, a menos que se quiera seguir encerrado y limitado mentalmente para no afrontar la responsabilidad que la libertad conlleva.

Sea como sea, la conclusión bíblica sigue siendo que tú piensas lo que quieres y según tu pensamiento, así eres tú.

Permíteme dar otro ejemplo personal para aclarar el concepto de la mente alimentada por religiosidad y la mente alimentada por el «escrito está» de la Palabra de Dios. A mi hijo y a mí nos gusta la ciencia ficción, quizá por el hecho de que nos gusta soñar despiertos, y en la ciencia ficción se permite el salirse de los conceptos «realistas» que no permiten a la imaginación y a la creatividad ir más allá de sus circunstancias. Es obvio que todo puede ser usado para bien o para mal; no estoy implicando que toda presentación de ciencia ficción sea buena ni estoy recomendando ninguna película. Aquí es semejante al caso de la carne sacrificada a ídolos, como comentamos en el capítulo 3 de la primera parte, y depende de la conciencia de cada uno la aplicación que se dé. El punto es que tiempo después de ver la trilogía de <u>La guerra de las galaxias</u> (<u>Star Wars</u>), saqué una analogía de la experiencia y proceso de desarrollo del Jedi y lo apliqué a lo que era el mensaje de Dios para mi hijo. Fue una enseñanza edificante que, de hecho, después se me pidió que la compartiera a un grupo de jóvenes y bendijo sus vidas; les inspiró a crecer en la gracia y el conocimiento del Señor Jesús, y los animó a descubrir el propósito de Dios para sus vidas. Por otro lado, otras personas comentaron que esas películas representaban al diablo y

Capítulo 13 El sitio de Samaria: El sitio de la mente

estaban llenas de demonios. ¿Cuál es la verdad? ¿Quién tiene la razón? Los dos, porque cada quien encuentra lo que quiere, lo que busca, en lo que se concentra y a lo que dedica su atención; así como piensa el hombre, así es. Recuerda que Pablo dice que nada es inmundo en sí, pero para el que piensa que lo es, para él sí lo es.

«...aquello que es comido tiene que perder su identidad y asumir la del que lo comió».

En el sitio de Samaria, la realidad era que Dios ya los había librado, ya había vencido al enemigo, pero ellos seguían sitiados en su mente y esclavos de su pensamiento. Lo mismo sucede con la mayoría de los cristianos hoy en día. La Biblia declara enfáticamente que Dios ya venció al enemigo y que somos libres, pero muchos siguen alimentando su mente con religiosidad y siguen temiendo a un enemigo que ya no puede hacerles nada, y lo encuentran en todos lados. Muchos hasta justifican su condición y se excusan diciendo que sufren por Cristo, pero eso no es sufrir por establecer el Reino. Honestamente hablando, yo no conozco a nadie que en la actualidad esté sufriendo por causa del Reino de Dios. **Muchos sufren por ignorar la verdad, por obstinados y religiosos, pero no por estar viviendo de acuerdo a la Palabra de Dios.** ¿Recuerdas lo que dijimos del refrán «la belleza está en los ojos del que mira»? Entonces te pregunto: ¿En dónde están los impedimentos para prosperar de acuerdo a la voluntad de Dios? ¿En dónde están todos esos demonios que limitan el disfrutar de la bendición de Dios aquí y ahora? Así como piensa el hombre...

c) El tercer y último elemento mencionado en el sitio de Samaria, es que se comían a sus hijos. La aplicación que le doy en esta ilustración está basada en el concepto que aquello que es comido tiene que perder su identidad y asumir la del que lo comió. ¿A qué me refiero? Cuando tú comes un bistec de res, esa res deja de ser res y es digerida para convertirse en parte de tu ser. Muy bien, al hablar de hijos comidos, hablamos de hijos sin identidad propia, comidos por la identidad de los padres, y como estamos enfocándonos en el aspecto de la mente, nos referimos a hijos o descendientes sin su propia visión, propósito o entendimiento, sin llegar a tener su propio sentido de valores. En otras palabras, víctimas de la tradición cultural. Claro que debe haber continuidad entre una familia y las siguientes generaciones, pero esa continuidad debe ser en la enseñanza de la ley de Dios. Sin embargo, la tradición enseña conceptos contrarios a la ley de Dios; ritos, mitos, valores antibíblicos, etc.

Las tradiciones: Verdaderos problemas

Una de las áreas en las que más se evidencia la manera cómo se vuelve inoperante la Palabra de Dios por medio de las tradiciones, es en la institución de la familia. La instrucción de honrar padre y madre se nos presenta como el primer mandamiento con promesa; de allí que se fomente el respeto y la obediencia a los padres, pero también es claro que cuando los hijos se casan, pasan a formar su propia familia. El respeto a los padres debe permanecer, pero la obediencia ya no, porque el hombre pasa a ser cabeza de su familia y responsable ante Dios de lo que acontezca o deje de pasar. La mujer, por su parte, pasa a estar bajo la autoridad del esposo y no puede servir a dos señores, su esposo y sus padres. A pesar de ser tan clara la enseñanza, la tradición cultural mantiene a los padres en un pedestal de autoridad que compite con el nuevo matrimonio y no les permite desarrollar su individualidad y forjar su propio destino. Una expresión muy común con la que los padres, especialmente las madres, manipulan a sus hijos es diciéndoles: «Antes que esposo (esposa) tuviste padre (madre)», y con eso quieren perpetuar su derecho de dirigir—aunque en

Capítulo 13 El sitio de Samaria: El sitio de la mente

forma indirecta—la vida de sus hijos. También es cierto que Dios ordena velar en la educación de los nietos, pero como ya expresé, es en la educación de la verdad de Dios, de las enseñanzas bíblicas. Sin embargo, los padres censuran a sus hijos cuando éstos tratan de educar a sus hijos, o sea los nietos, de acuerdo a la Palabra de Dios.

Pablo evidencia a este tercer enemigo de la mente, en Colosenses 2.8: «*Mirad que nadie os engañe por medio de filosofías y huecas sutilezas, según las tradiciones de los hombres, conforme a los rudimentos del mundo, y no según Cristo*». *(RVR1960)* La palabra que se traduce «engañe» en esta porción, significa literalmente: «llevar cautivo, seducir». De allí que la advertencia es la de cuidar que no entren a nuestra mente ciertos conceptos o normas de valores, tales como los mencionados anteriormente, que son formados y establecidos según las tradiciones de hombres, no según Cristo o la enseñanza de la Biblia. Otros ejemplos de esas filosofías que sitian la mente es la afirmación que las personas únicamente retienen el diez por ciento de lo que oyen y que, al llegar a la edad de 40 años, se empiezan a olvidar las cosas. Ambas son mentiras; la mente no tiene límite a lo que puede retener y aprender, ni tiene por qué envejecer.

Lo único que está bajo la maldición de volver al polvo es el cuerpo, pero la mente es parte del ser espiritual y está diseñada de tal manera que mientras se mantenga ejercitando y alimentando con las enseñanzas correctas, puede seguir creciendo indefinidamente. No debemos confundir la mente con el cerebro. Es cierto que el cerebro, como parte material del cuerpo, también se va desgastando, pero hay que entender que la mente es para el cerebro lo que el espíritu es para el cuerpo. Es decir, que podemos aplicar lo que Pablo dice del contraste entre el cuerpo y el espíritu, al cerebro y la mente: «*Por tanto, no desmayamos; antes, aunque este nuestro hombre exterior [el cuerpo, el cerebro] se va desgastando, el interior [el espíritu, la mente] no obstante se renueva de día en día*». *(2 Corintios 4.16 RVR1960)* Recuerda el ejemplo del padre que llevó a su hijo a caminar por su hacienda y que al final le dijo: «Yo quería que te dieras cuenta de que mientras las cosas están verdes, están creciendo, pero cuando maduran solo les queda un destino, caerse y pudrirse». Luego, mirando fijamente al hijo y con tono firme y convincente, le dijo: «Mantente verde, mantente aprendiendo».

Al hambriento todo lo amargo le es dulce. Alimenta tu mente con la verdad y no serás presa de las mentiras.

Así es con nuestra mente: Mientras no se crea que ya maduró, que ya lo sabe todo, y se mantenga estudiando, leyendo buenos libros que le señalen su poder y creatividad, no existe ninguna razón para que no siga funcionando, creciendo y mejorando constantemente. Son esas vanas filosofías y huecas sutilezas las que sitian la mente para que se «alimente» con obstinación, religiosidad y tradiciones culturales, para que no descubra su mayor potencial y no llegue a ser todo lo que Dios dice que puede. Añade a lo anterior la afirmación del Doctor Lair Ribeiro y podrás comprender mejor por qué es que se está cautivo al aceptar esas filosofías: «La mayor parte de la realidad es algo que generamos en nuestra cabeza a partir de un tercer componente que no es visible. Este componente procede de nuestra programación cerebral, que a su vez depende de nuestra educación y de lo que nos fue infundido hasta los siete años. Por ejemplo, si a ti se te inculcó la creencia de que el dinero es sucio, aunque trabajes 24 horas al día, no te harás rico». (Ribeiro 2000, pág. 32)

Recuerda lo que dije anteriormente: El hecho de que se nos haya inculcado una mentira que ha distorsionado nuestro sentido de valores y ha limitado nuestro potencial, no significa que no podamos librarnos de esos conceptos y que aprendamos la verdad. De hecho, la exhortación bíblica es que nos despojemos de lo viejo y nos vistamos de lo nuevo *(Efesios*

4.17–30), que renovemos nuestra mente y rehusemos seguir siendo manipulados por los rudimentos del mundo; al hacerlo así, llegaremos no solo a entender sino a comprobar lo que es la buena voluntad de Dios para nosotros. *(Romanos 12.1–2)* Cuando uno se concentra más en la soberanía de Dios en lugar de estar atribuyendo valor al enemigo, puedes encontrar que aun en esas experiencias negativas que parecen estar frustrando nuestros sueños, Dios está colocando una oportunidad para que aprendamos a soñar y de esa manera mantener viva nuestra visión.

PARA MEDITAR

1. La diferencia entre obstinación y perseverancia radica en la fuente de información.

2. ¿Por qué crees lo que crees?

Capítulo 14
De leprosos indeseables a libertadores

A pesar de la condición tan negativa y de detrimento en la que se encontraba el pueblo, había un mensaje de esperanza, de fe, de libertad para aquellos que quisieran creerlo: «*Dijo entonces Eliseo: Oíd palabra de Jehová: Así dijo Jehová: Mañana a estas horas valdrá el seah de flor de harina un siclo y dos seahs de cebada un siclo, a la puerta de Samaria*». *(2 Reyes 7.1 RVR1960)* Era de esperarse que, ante tan buenas noticias para el día siguiente, el pueblo saltara de alegría y se mostrara agradecido a Dios por librarlos de su ruina; pero tristemente, el siguiente versículo ilustra lo que acontece tan a menudo en la vida cotidiana. Siempre hay alguien tan negativo y tan incrédulo que apaga la fe de las personas y les roba su sueño. «*Y un príncipe sobre cuyo brazo el rey se apoyaba, respondió al varón de Dios y dijo: Si Jehová hiciese ahora ventanas en el cielo, ¿sería esto así? Y él dijo: He aquí tú lo verás con tus ojos, mas no comerás de ello*». *(2 Reyes 7.2 RVR1960)*

Veamos los dos aspectos más importantes que nos ilustra este versículo:

a) **En primer lugar, notemos la enseñanza a los que tenemos el privilegio de fungir en algún rol de autoridad o de liderazgo.** Nuestras palabras tienen gran peso en la vida de aquellas personas bajo nuestro cuidado o servicio. Ellas están observando nuestra actitud y respuesta ante las cosas para formarse un concepto de qué hacer al respecto. Por lo tanto, si no nos tomamos la tarea de examinar las cosas, de evaluarlas a la luz de la Biblia, sino que actuamos guiados por tradición o por nuestra propia experiencia, podemos estar estorbando a las personas de encontrar su libertad, y podemos ser piedras de tropiezo. Esto se aplica a toda función de autoridad e influencia. Los padres deben considerarlo en relación a sus hijos, los esposos en cuanto a sus esposas, los jefes en igual forma para con los empleados, los maestros para con los alumnos, etc.

«Nuestras palabras tienen gran peso en la vida de aquellas personas bajo nuestro cuidado o servicio...»

Es triste que, aunque el deseo de Dios plasmado en la Biblia es que seamos prósperos de manera integral, haya líderes—especialmente religiosos—que señalen de satánico, materialista, mundano o falto de espiritualidad el hecho de que algunas personas quieran salir de su estrechez económica. Se lanzan a declarar, en la misma forma que este principal del rey, un negativismo tan absurdo sin siquiera tomarse el tiempo para examinarlo todo, como exhorta la misma Biblia. Por lo tanto, hago esta aclaración y llamado de atención a los que tengan una función de liderazgo e influencia en la vida de otras personas: **Cuiden lo que dicen, porque darán cuenta a Dios, no solo de las palabras ociosas que salieron de su boca, sino del efecto que hayan producido en la vida de las otras personas. El caso del príncipe de la historia**

Capítulo 14 De leprosos indeseables a libertadores

nos muestra que Dios juzgará más duramente a los que tenemos posición de liderazgo, porque con el privilegio y autoridad que se nos confiere, también hay mayor responsabilidad, como ilustra Santiago 3.1: «Hermanos míos, no os hagáis maestros muchos de vosotros, sabiendo que recibiremos mayor condenación». Pararse a repetir algo que oyeron, sin indagar por sí mismos la veracidad del asunto, no es más que «chisme» y/o «murmuración». Hay casos específicos donde se atribuye que cierta empresa o producto es satánico o que lo que cierta persona está haciendo tiene elementos satánicos, lo cual ya no solo es murmuración, sino que es difamación de carácter, y de eso se dará cuentas a Dios.

«…eso no hace desaparecer la responsabilidad individual de verificar lo que se nos está enseñando»

---

b) **El segundo aspecto importante es con relación a las personas que están bajo autoridad.** Aunque es cierto lo que expresé anteriormente, eso no hace desaparecer la responsabilidad individual de verificar lo que se nos está enseñando. La Biblia es clara al decir que cada quien dará a Dios cuenta de sí. *(Romanos 14.12)* Así como es peligroso desobedecer la autoridad, también lo es la obediencia ciega. Hay momentos en que se debe obedecer a Dios antes que a los hombres *(Hechos 4.19)* y rechazar las tradiciones religiosas y humanistas que se oponen a la Palabra de Dios. *(Mateo 15.1–9; Colosenses 2.8)* Por lo tanto, con la aclaración de que siempre habrá diferentes formas de responder al mensaje de Dios, dependiendo de la actitud mental y de la información que tengan las personas, pasemos a ver la provisión de Dios y cómo apropiarnos de ella.

Continúa la historia así: *«Había a la entrada de la puerta* cuatro hombres leprosos, los cuales dijeron el uno al otro: ¿Para qué nos estamos aquí hasta que muramos? Si tratáremos de entrar en la ciudad, por el hambre que hay en la ciudad moriremos en ella; y si nos quedamos aquí, también moriremos. Vamos, pues, ahora, y pasemos al campamento de los sirios; si ellos nos dieren la vida, viviremos; y si nos dieren la muerte, moriremos. Se levantaron, pues, al anochecer, para ir al campamento de los sirios; y llegando a la entrada del campamento de los sirios, no había allí nadie. Porque Jehová había hecho que en el campamento de los sirios se oyese estruendo de carros, ruido de caballos y estrépito de gran ejército; y se dijeron unos a otros: He aquí, el rey de Israel ha tomado a sueldo contra nosotros a los reyes de los heteos y a los reyes de los egipcios, para que vengan contra nosotros. Y así se levantaron y huyeron al anochecer, abandonando sus tiendas, sus caballos, sus asnos y el campamento como estaba; y habían huido para salvar sus vidas. Cuando los leprosos llegaron a la entrada del campamento, entraron en una tienda y comieron y bebieron, y tomaron de allí plata y oro y vestidos, y fueron y lo escondieron; y vueltos, entraron en otra tienda, y de allí también tomaron, y fueron y lo escondieron. Luego se dijeron el uno al otro: No estamos haciendo bien. Hoy es día de buena nueva y nosotros callamos; y si esperamos hasta el amanecer, nos alcanzará nuestra maldad. Vamos pues, ahora, entremos y demos la nueva en casa del rey. Vinieron, pues, y gritaron a los guardas de la puerta de la ciudad, y les declararon, diciendo: Nosotros fuimos al campamento de los sirios, y he aquí que no había allí nadie, ni voz de hombre, sino caballos atados, asnos también atados y el campamento intacto. Los porteros gritaron, y lo anunciaron dentro, en el palacio del rey. Y se levantó el rey de noche, y dijo a sus siervos: Yo os declararé lo que nos han hecho los sirios. Ellos saben que tenemos hambre, y han salido de las tiendas y se han escondido en el campo, diciendo: Cuando hayan salido de la ciudad, los tomaremos vivos, y entraremos en la ciudad. Entonces respondió uno de sus siervos y dijo:

Capítulo 14 De leprosos indeseables a libertadores

Tomen ahora cinco de los caballos que han quedado en la ciudad (porque los que quedan acá también perecerán como toda la multitud de Israel que ya ha perecido), y enviemos y veamos qué hay. Tomaron, pues, dos caballos de un carro, y envió el rey al campamento de los sirios, diciendo: Id y ved. Y ellos fueron, y los siguieron hasta el Jordán; y he aquí que todo el camino estaba lleno de vestidos y enseres que los sirios habían arrojado por la premura. Y volvieron los mensajeros y lo hicieron saber al rey. Entonces el pueblo salió, y saqueó el campamento de los sirios. Y fue vendido un seah de flor de harina por un siclo y dos seahs de cebada por un siclo, conforme a la palabra de Jehová». (2 Reyes 7.3–16 RVR1960)

¿Qué sucedió aquí?

Veamos los puntos clave:

1. Lo primero es que el enemigo ya había sido vencido, ya no existía la causa del temor y del sitio del pueblo;

2. En segundo lugar, la gente estaba muriéndose de hambre por miedo a un enemigo que tan solo existía en sus mentes, ya no estaba realmente allí;

3. En tercer lugar, había abundancia de pan, de ropa, de dinero, de todo lo que deseaban, pero la condición para obtenerlo era que creyesen el mensaje que Dios les estaba proclamando por medio de su profeta y renunciaran a sus propias ideas negativas y conformistas;

4. En cuarto lugar, Dios no usa al rey, ni al príncipe, ni a los ciudadanos más cultos y prominentes del pueblo, sino que a cuatro leprosos para que éstos se conviertan en los héroes, los primeros experimentadores del mensaje de libertad, y proclamen las buenas nuevas de libertad, prosperidad y abundancia que Dios ofrece a todo aquél que cree y obedece su Palabra.

«...y lo débil del mundo escogió Dios, para avergonzar a lo fuerte...»

¿Por qué me bendice tanto la historia de los leprosos? Para entenderlo, debemos recordar lo que los leprosos significaban para el resto de los ciudadanos. En forma breve, los leprosos eran desechados por la religión, por la sociedad y aun por la familia. No podían vivir dentro de la ciudad, sino que en las afueras. En otras palabras, eran lo más vil y despreciado de la sociedad. Es allí donde la historia cobra mayor importancia y valor, porque nos ilustra lo que el apóstol Pablo declara en 1 Corintios 1.25-29: *«Porque lo insensato de Dios es más sabio que los hombres, y lo débil de Dios es más fuerte que los hombres. Pues mirad, hermanos, vuestra vocación, que no sois muchos sabios según la carne, ni muchos poderosos, ni muchos nobles; sino que lo necio del mundo escogió Dios, para avergonzar a los sabios; y lo débil del mundo escogió Dios, para avergonzar a lo fuerte; y lo vil del mundo y lo menospreciado escogió Dios, y lo que no es, para deshacer lo que es, a fin de que nadie se jacte en su presencia».* (RVR1960)

Yo me identifico en gran medida con los leprosos, y a pesar de no figurar entre los grandes y poderosos, según los conceptos y normas del mundo, tengo el sueño de ver a nuestra nación libre de la corrupción, de la escasez y la violencia. He creído las buenas nuevas de la Palabra de Dios y me he arriesgado a salir del encierro en el que la obstinación, la religiosidad y la tradición cultural me habían colocado. Ahora experimento, al igual que los leprosos, que *Él* ya ganó, y actúo conforme a sus principios, normas y leyes, aunque los reyes, los príncipes y los ciudadanos de renombre pronostiquen lo difícil de la situación, lo imposible de salirse del sistema socio político corrupto, de la esclavitud financiera y tantas otras mentiras de personas negativas. El mensaje de Él se hace realidad en mí cuando en el Salmo 23.5 dice: *«Aderezas mesa delante de mí en presencia de mis angustiadores; unges mi cabeza con aceite; mi copa está rebosando».* (RVR1960)

Capítulo 14 De leprosos indeseables a libertadores

A lo largo de la Biblia encontramos que Dios quiere bendecirnos, pero se necesita que haya fe, que haya un sueño, que se esté dispuesto a luchar por ello, pues no hablamos de un idealismo ilusorio de solo hablar y no hacer nada. Claramente, se nos enseña que la fe sin obras es muerta. Por lo tanto, interpretemos ese sueño de acuerdo a los principios y normas que ya expandí anteriormente, y propongámonos actuar cumpliendo nuestra responsabilidad personal. Decidiendo caminar constantemente sin parar ni mirar para atrás, para seguir creciendo en la gracia y el conocimiento del Señor Jesús y su Palabra. No prestando oído a las personas negativas que tratarían de robarnos nuestro sueño, aferrándose a su religiosidad, obstinación y tradición cultural, temerosos de salir del conformismo y arriesgarse a verificar por ellos mismos que ya no hay razón para seguir limitados, encerrados y existiendo en esclavitud. Porque Dios ha obrado una poderosa victoria para todos aquellos que renuncien a su egoísmo y decidan creerle a Él como Señor y Dios de sus vidas.

«Quien no tiene algo por qué morir, no tiene nada por qué vivir»

El precio…

¿Requiere pagar un precio? ¿Hay que luchar y trabajar para obtenerlo? ¡Definitivamente que sí! Pero vale la pena; alguien lo puso de esta manera: «Quien no tiene algo por lo que morir, no tiene nada por qué vivir». En otras palabras, **la respuesta encuentra su origen o raíz en una cosa muy sencilla: Los que aceptan responsabilidad personal, o los que siempre están buscando a quién o qué culpar de su estado.** Yo tengo un sueño, una visión en armonía con el «escrito está» de la Palabra de Dios, de que sí podemos llegar a tener una nación regida por Sus leyes y principios. Pero como desafortunadamente la mayoría de las personas han sido expuestas a conceptos religiosos por personas obstinadas que rehúsan aceptar su error, prefieren seguir destruyendo el futuro de las siguientes generaciones, postergando sus tradiciones que los han mantenido esclavos de las circunstancias y lejos de representar lo que la Biblia presenta como el deseo de Dios. No sé qué pienses hacer después de haber leído este libro, pero yo sí. Seguiré mostrándome firme ante la verdad de las escrituras y aceptaré la censura, la burla y la murmuración como lo he hecho en el pasado, pues sé que al final, Dios vindicará mi causa.

Asegúrate que tus pensamientos no sean «Caballo de Troya»

Como mencioné al inicio del libro, cuando empezamos a aplicar los principios bíblicos a la educación de nuestros hijos, y a señalar que no hay hijos malos, sino padres irresponsables, los que se sintieron aludidos y no estuvieron dispuestos a pagar el precio de amar a sus hijos—disciplinándolos como dice la Biblia—nos dijeron que no era posible educar a los hijos como Lili y yo lo hacíamos. Decían que éramos muy estrictos y que causaríamos que nuestros hijos crecieran cohibidos e incapaces de relacionarse socialmente. El tiempo ha pasado y la norma bíblica de juzgar el árbol por su fruto, demuestra que sí se puede obedecer y aplicar la enseñanza de la Biblia en nuestros días. Después hablamos de la necesidad de la participación activa en la política de la nación, y se me señaló de «mezclar a Dios en política». No lo negué; por el contrario, aclaré que estamos como estamos precisamente por la gente inescrupulosa que puede separar a Dios en su actuar diario. Personas que creen que pueden golpearse el pecho, cantar alabanzas el domingo y luego el resto de la semana, actuar de acuerdo al sistema del mundo.

Ahora estamos en otro paso de entendimiento; la luz de nuestra senda ha crecido y caminamos en esa luz. Como el tema ahora es la parte que juegan las finanzas en establecer el Reino, y como la raíz de todos los males es el amor al dinero, se vuelve a criticar y a dudar lo que estamos haciendo. Pero tenemos un sueño y estamos caminando en él; nos atrevemos a soñar y seguimos sometiéndonos a la prueba del fruto, a la prueba de vivencia.

PARA MEDITAR

1. Las circunstancias solo limitan al que no tiene un sueño, una visión.

2. En todo tiempo y bajo cualquier condición, la victoria está disponible a los que actúan con convicción.

Epílogo

Dios desea que nosotros conozcamos la verdad y seamos libres. La verdad sobre la libertad financiera es de las más importantes, porque, así como el amor al dinero es la raíz de todos los males, también la habilidad de ganar dinero es el método que Dios diseñó «*a fin de establecer su pacto*». Basado en los principios antes mencionados, y conscientes de que Dios nos da las oportunidades para hacer las riquezas, sí hay forma de prosperar aquí y ahora. Sí hay formas, planes o sistemas que llenan los requisitos bíblicos para prosperar. Esos medios incluyen los puntos presentados en este libro.

¿Cómo puedo proveer mejor para mí y mi familia? Recuerda que el aprender a contentarnos, cualquiera que sea nuestra situación, es algo a lo que la persona debe llegar por su propia comunión y relación con Dios—no una imposición por las circunstancias en las que vivimos. Si la persona no tiene la posibilidad de tener recursos, en realidad aprende a *conformarse*, no a contentarse. Esa actitud, en lugar de noble, es pecaminosa y contradice la clara dirección de «*no os conforméis a este siglo*». De allí que buscar cómo proveer mejor para la familia es básico.

¿Cómo puedo vivir en seguridad y protegerme, a mi familia y a mi propiedad de la violencia, el robo, confiscación y colapso social? Obviamente, si dependemos del sistema, estamos sujetos a sus condiciones; por lo tanto, necesitamos desarrollar una fuente de recursos que dependa de nuestro esfuerzo, nuestra obediencia y diligencia personal, para confiar en que Dios pueda bendecirnos aun cuando juzgue al sistema humanista. Eso habla de no depender de un empleo.

¿Cómo puedo hacer para mantener relaciones verdaderas y significativas? En el ejemplo de la construcción de la torre de Babel, Dios declaró los elementos básicos para desarrollar relaciones duraderas y significativas: tenían un mismo propósito. *Hablaban* la misma cosa, por lo tanto, trabajaban en

equipo. Conformar un equipo de personas que tengan el mismo propósito de salir del sistema humanista y participar del Reino de Dios, trabajando bajo sus principios, desarrollará amigos en el concepto bíblico de amistad.

¿Cómo puede el sistema en el que vivo proveer seguridad, justicia y oportunidad económica? Solamente si llego a una posición de influenciarlo para cambiar sus conceptos y valores. Para eso necesito el poder de la influencia; y la forma más común, que de hecho es la que el enemigo ha usurpado, es por medio de las riquezas. El dinero pesa grandemente en las decisiones nacionales e internacionales. Confío en que esté claro que no me refiero a soborno, ni nada contrario a la verdad de Dios, sino que quien tiene los recursos pone las condiciones. En una campaña política es correcto condicionar nuestro apoyo a cambio de que se implementen ciertas leyes y normas. Los corruptos lo hacen buscando beneficios personales por medio de leyes injustas que favorezcan sus negocios, pero nosotros lo podríamos hacer demandando leyes justas que beneficien a los que guardan la ley y castiguen a los que la violan. Un gobierno bíblico funcional es esencial para la productividad. El sistema de libre mercado es el más cercano al diseño bíblico, y al funcionar así todos ganan, todos salen beneficiados. La filosofía del gobierno estimula o retarda la creatividad y productividad humana. Un gobierno bíblico produce orden, iniciativa y productividad; un gobierno antibíblico produce confusión, dependencia y pobreza.

Una forma de analizar la clase de gobierno que se tiene es por medio de responder a la pregunta: ¿Cómo ve el gobierno el poder? ¿Poder sobre otros o responsabilidad por otros? Tengamos en mente que Dios desea que seamos prósperos en todo, que es su bendición la que enriquece y que el enemigo se ha apoderado de los sistemas de Dios y ha logrado que los cristianos los identifiquen como mundanos en lugar de beneficiarse de los principios de Dios. Por lo tanto, recordemos Proverbios 19.27: *«Hijo mío, deja de atender la enseñanza que te hace divagar de las palabras del conocimiento». (RVA-2015)*

Epílogo

Jesús dijo que escudriñáramos las Escrituras y Él habló más de «negociar», de aspectos financieros, que del cielo y asuntos escatológicos. Es obvio que para los escapistas que piensan que no hay nada que hacer en la tierra porque es el diablo el que va a reinar sobre ella, sea más fácil lavarse las manos de su irresponsabilidad cívica y social, aludiendo a que nadie puede hacer nada, sino solo Cristo en su segunda venida. Pero la evidencia bíblica en contra de tal posición es abrumadora de modo que no tienen excusa. ¿Por qué escuchar entonces, a los que nos hacen divagar de las claras enseñanzas de la Biblia?

Los libros, métodos, negocios y personas que son exitosas tienen como raíz la verdad de Dios, el sistema de Dios; solo que lo ensucian con terminología humanista o lo atribuyen a cualquiera otra cosa no a la Biblia. Los cristianos, en lugar de descubrir la raíz, rápido asumen que es del diablo y lo dejan. Escudriñémoslo todo, retengamos lo bueno y, sobre todo, no nos dejemos llevar de que alguien le esté dando un mal uso a algo que es bueno y por eso nos alejemos de ello. Que los mafiosos y corruptos usen las riquezas para hacer mal, no hace a las riquezas malas. Que gente impía use las ganancias de un producto para servir al diablo, no hace que el producto sea satánico. Un impresor podría imprimir Biblias y dar sus ganancias a la iglesia satánica. ¿Haría eso que la Biblia fuera satánica y que ya no la compráramos? El cristiano no prospera porque lo único que tiene que hacer el diablo es darle mala fama a algo para que los cristianos se alejen de ello, aun a los principios bíblicos. Por eso el mensaje de la Biblia es: «*Arrepentíos, porque el Reino se ha acercado*». *(Véase Mateo 3.2.)* Quien no cambie su forma de pensar, seguirá dejando que los principios del Reino sigan produciendo frutos para los impíos, y él seguirá de cola en lugar de cabeza, pidiendo prestado, en lugar de dar prestado y siervo de quien le pague en lugar de propietario de su empresa.

Puede ser que tengas que leer los conceptos aquí expresados más de una vez para poder asimilarlos; mi consejo es: Hazlo, porque tu futuro y tu libertad dependen de tu diligencia. En conclusión, tomemos las palabras de la Biblia: «*A los cielos y a la tierra llamo por testigos hoy contra vosotros, que os he puesto delante la vida y la muerte, la bendición y la maldición. Escoge, pues, la vida para que vivas tú y tu descendencia; amando a Jehová tu Dios, atendiendo a su voz y siguiéndole a él; porque él es vida para ti y prolongación de tus días, a fin de que habites sobre la tierra que juró Jehová a tus padres, Abraham, Isaac y Jacob, que les había de dar*». (Deuteronomio 30.19–20 RVR1960)

Acerca del Autor

Carlos Eduardo Velásquez Pérez es reconocido como Maestro para el Cuerpo de Cristo.

Nació en Guatemala y desde muy joven se trasladó a Estados Unidos, donde experimentó el poder transformador de Jesucristo. El haber tenido esta experiencia mientras trabajaba en una plataforma petrolera, fuera de un contexto relacionado con la iglesia y sus actividades, le permitió tener un encuentro inicial con la Biblia y su verdad sin ninguna influencia o preferencia denominacional. Después, en el desarrollo de su fe y vida cristiana, llegó a ser pastor en las Iglesias Bautistas del Sur, donde pastoreó por más de diez años. Luego de experimentar el bautismo en el Espíritu Santo, fue reconocido pastor de las Asambleas de Dios y trabajó con ellos por un poco más de un año.

En su búsqueda por amoldarse a los conceptos bíblicos, formó una Iglesia independiente, y unos tres años después, reconoció la restauración que Dios está haciendo en la Iglesia, y eso le llevó a conocer y a unirse a Ministerios Verbo en 1980.

En 1984 regresó a Guatemala y ha funcionado como anciano de una iglesia local y como maestro del Ministerio Quíntuple. Ha escrito varios libros sobre diferentes temas, y viaja internacionalmente impartiendo seminarios sobre la familia, la iglesia, la política, los negocios y varios otros temas.

Carlos es casado con Lilian Amparo González de Velásquez, que también es guatemalteca, y tienen tres hijos; los primeros dos nacieron en Estados Unidos y la tercera, catorce años después del segundo, nació en Guatemala. La hija mayor, Ondina Oddette, está casada con Dorval Ponce y tienen 2 hijitos, Elizabeth Mayte y Jonathan Andre; el segundo, Brandon Eduardo y la tercera, Joanna Nicole.

Libertad financiera a la luz de la Biblia

Bibliografía

CST. 2005. *Nueva Versión Internacional (Castellano).* Colorado Springs, Colorado: Biblica, Inc.

Hill, Napoleon. 2013. *Piensa y hazte rico.* Fresno, California: Editorial Renuevo.

NBLH. 2005. *Nueva Biblia Latinoamericana de Hoy.* La Habra, California: The Lockman Foundation.

Orman, Suze. 2000. *The 9 Steps to Financial Freedom.* New York: Three Rivers Press.

Peacocke, Dennis. 1995. *Haciendo negocios a la manera de Dios.* Santa Rosa, California: REBUILD.

Pilzer, Paul Zane. 1995. *God Wants You to be Rich.* New York: Touchstone Faith.

Real Academia de la Lengua Española. 2017. *Diccionario de la lengua española.* Último acceso: 28 de Agosto de 2018. http://dle.rae.es/?w=diccionario.

Ribeiro, Lair. 2000. *El éxito no llega por casualidad.* México D.F.: Urano.

RVA. 1602. *Reina-Valera Antigua.* Amsterdam.

RVA-2015. 2015. *Reina-Valera Actualizada.* El Paso, Texas: Editorial Mundo Hispano.

RVC. 2011. *Reina Valera Contemporánea.* Sociedades Bíblicas Unidas.

RVR1960. 1960. *Reina-Valera 1960.* Sociedades Bíblicas en América Latina.

RVR1977. 1977. *Reina Valera Revisada.* Nashville, Tennessee: HarperCollins Christian Publishing.

RVR1995. 1995. *Reina-Valera 1995.* United Bible Societies.

Velásquez, Carlos. 2018. *Si yo fuera rico.* Fresno, California: Editorial Renuevo.

Webster, Noah. 1828. *American Dictionary of the English Language.*

Ziglar, Zig. 1982. *Nos veremos en la cumbre.* Gretna, Louisiana: Pelican Publishing Co.